Win in Tutoring

赢在家教

周立举 / 著

知识产权出版社

全国百佳图书出版单位

— 北京 —

图书在版编目（CIP）数据

赢在家教 / 周立举著. —北京：知识产权出版社，2020.9
ISBN 978-7-5130-7152-9

Ⅰ.①赢… Ⅱ.①周… Ⅲ.①家庭教育 Ⅳ.①G78

中国版本图书馆 CIP 数据核字（2020）第 168330 号

策划编辑：杨晓红　　　　　　　　　责任校对：潘凤越
责任编辑：高志方　　　　　　　　　责任印制：刘译文
封面设计：郭　蝈

赢在家教

周立举　著

出版发行：知识产权出版社 有限责任公司　　网　　址：http://www.ipph.cn
社　　址：北京市海淀区气象路 50 号院　　　邮　　编：100081
责编电话：010-82000860 转 8512　　　　　　责编邮箱：15803837@qq.com
发行电话：010-82000860 转 8101/8102　　　发行传真：010-82000893/82005070/82000270
印　　刷：三河市国英印务有限公司　　　　　经　　销：各大网上书店、新华书店及相关专业书店
开　　本：787mm×1092mm　1/16　　　　　印　　张：16.25
版　　次：2020 年 9 月第 1 版　　　　　　　印　　次：2020 年 9 月第 1 次印刷
字　　数：266 千字　　　　　　　　　　　　定　　价：59.00 元
ISBN 978-7-5130-7152-9

前言

正德道之心，立正善之命；塑育人智慧，成家教伟业。

家庭教育，是指以家庭为单位，以父母为主导，以子女为中心，以正、德、善为根本，以"上行下效""长善救失"和"身体力行"为宗旨，养正善、长德才、去本能、抑邪恶的综合系统工程。无正不成教育，无善不能养德，无德不能成才。家庭教育是变化式养育、成长式陪伴、与时俱进式塑造。

人生是一次不可重来的单程旅行，教育也是不能复原的培养方式。家庭教育只能前进，不能后退；只能成功，不能失败；只能由差变好，不能由好变差；只能战战兢兢，如临深渊，如履薄冰，不能主观妄为，胡乱试验，盲目实施。工欲善其事，必先利其器。任何一个专业、岗位或领域，都有器可利，唯独家庭教育例外。绝大多数人都是在没有充分准备、没有系统学习的情况下，就成了人之父母，只能硬着头皮，不得不承担起家庭教育的使命和重任。有的人行为做事，技术精湛，专业精深，经验丰富尚且难以做好做精，何况是外行或新手呢？因此，家庭教育几乎是每一个家长的难点和痛点，难就难在家庭教育只能赢，不能输；痛就痛在家教输，就意味着输一切。

家庭教育再难再痛，也少有人能置身事外。家庭教育的成败，不仅决定家长的命运，也决定家庭及后代的命运。因此，家庭教育既严肃而又神圣，容不得任何形式的亵渎和主观妄为。

童蒙需要养正。正，是止于一，道生一，因而正源于道。正是人生之根、生命之神。人，合道则正，背道必邪，顺道者昌，逆道者衰。养正，就是培养和塑造孩子的道心和德心，安立正善之命，让孩子在道、德、正、善的光明大道上成长发展，成功成就。

家长需要学习。众所周知，在科技、经济飞速发展的现时代，知识更新的周期一般为 3～5 年。新时代的家长，一旦停止学习，就意味着日旧而日退；而孩子却紧跟时代脉搏，日新而日进。家长的守旧和孩子的超前跨越，会加速两极分化，导致亲子之间的差距越来越大，家长对孩子的影响力越来越弱，孩子对家长的反影响力越来越强。当孩子各方面都超越家长时，家庭教育就会出现根本性的反转，变成孩子教育家长而不是家长教育孩子。家庭教育一旦有名无实，就会沦为空谈。面对世界和孩子日新月异的发展变化，家长努力学习尚且感到力不从心，日旧日退自然就更加无能为力。教育别人的人往往教育不了自己！家庭教育之路，就是家长自我学习、自我成长、自我改变、自我提升之路。因此，家长好好学习，孩子天天向上，是家庭教育的永恒主题。

教育需要智慧。智慧源于道性和德心，成于理性和正善。学习能增长知识，明白事理，但不能直接获得智慧。智慧来源于对所学知识的消化吸收，对前人思想理论、智慧经验的实证领悟和提炼升华。家长要获得智慧，不仅要勤于学习，更要努力修身。修身，就是修一颗无染的心，修一颗静定的心。人思想纯净才会纯粹，纯粹才生吉祥，吉祥才可静心；心静则神安，神安则身定，神安身定定入佳境，智慧便取之不尽用之不竭。有了智慧，才能善于选择。选择需要决断，决断需要勇气，践行智慧才是家庭教育成败的关键。

成败皆有规律。成功一定有方法，失败一定有原因。善因结善果，恶因造恶果。成功的家教，无不与和谐真爱、守正养善、培德塑习、理性智慧、潜移默化、榜样引领、循序渐进、与时俱进、驱邪避恶息息相关；而失败的家教毫无例外与失衡错爱、强势霸道、感性随性、变化无常、趋邪近恶直接相关。因此，家庭教育的成功和失败，绝非偶然或天定，而是有着深刻的必然性和规律性。

家庭教育，是一种理性智慧合于正善的教育，绝不是感性情绪化、主观随性甚至邪恶的教育，也不是一时一地一点一线的现实现象的教育，而是一种长远务实的存在教育。家庭教育不能相互取悦，取悦不是教育；教育不能功利，功利不是教育；不能期求回报，期求回报是交换，也不是教育。真正的家庭教育是生活教育，是生存技能教育，是品德素质教育，是实践领悟教育。家庭教育能且只能以孩子安全、健康、成长和发展为目标，帮助和引导孩子在不同的年龄段，养成独立自主的素质和能力，完成特定的成长任务。只要相应年龄段的成长任务没有完成，孩子就没有长大，家庭教育就存在缺陷，孩子的未来和发展就会存在问题。

生活处处是学校，生存时时是教育。正是教，邪是害；善是育，恶是祸。家庭教育只能根植于内，不能浮飘于外；只能寄托于内，不能寄托于外；只能智取，不能强攻；只能温暖关爱，不能冷酷无情；只能积极向上，不能消极悲观；只能通融给力，不能阻碍打压；只能循循善诱，不能恶言恶行；只能积德向善，不能缺德邪恶；只能快乐成功，不能痛苦失败；只能灵活变通，不能墨守成规。

邪恶的家长，都是愚蠢的家长、短见的家长；正善的家长，都是智慧的家长、远见的家长。愚蠢生笨子，邪恶养逆子；正善生孝子，智慧养才子。家长总希望孩子成龙成凤，孩子何尝不希望自己的父亲成龙，母亲成凤！

《赢在家教》，让您的女儿成凤，儿子成龙！

《赢在家教》属于随笔类短文，灵感来源于中央电视台《心理访谈》栏目。本书编写的初衷，是试图从家庭教育的全局出发，从百年树人的长远考虑，融合中西方哲学、心理学、人类学、科学、社会学和中华优秀传统文化，结合历史、现实和与时俱进的教育思想、理念、方式和方法，追根溯源，拨乱反正，冲破迷雾，明心见性，回归家庭教育的本真，为众多无所适从的家长点亮智慧的明灯，呵护好孩子的慧命，成就好孩子的未来，福泽子孙后代，惠及自己、家人、社会和国家。

由于笔者知识水平和能力有限，书中错误和不当之处在所难免，敬请各位大德批评指正，不胜感恩！

序

　　世界上各种门类的学校数不胜数，然而真正属于家长的正统而又规范的学校，却是个空白。

　　家长的称谓虽然是天定的，但是家长对角色的胜任，上天却没有规定。上天给了家长神圣的称谓，却忘了给家长胜任角色的素质和能力，家长应该怎么办呢？

　　家长，作为孩子的第一任老师，无论是过去、现在还是未来，都必须要胜任角色。而家长如果想要胜任家长的角色，就必须不断自我修炼、自我学习、自我提升和自我完善。只有学习型的家长，才能与时俱进，才能跟得上孩子的变化与成长的步伐，才能胜任家长这个神圣的角色。

　　《赢在家教》就是为家长胜任自己的角色而量身定做的，全书共包含五个方面的内容：

　　一、理顺关系，追根溯源

　　家庭教育离不开家庭关系。本章从作者独创的"核心家庭关系圆三角理论模型"入手，在剖析并揭示习惯、痴迷和成瘾的奥秘的基础上，提出家庭教育的系统观、基本纲领、基本原则和基本观点，提炼出家教三宝、家长的四重境界和习惯培养的黄金程式，并从人性和本能的角度、婚姻和家庭的角度、情绪和规则的角度、天赋和养正的角度等，对家庭教育进行重点分析和阐述，以期理顺关系，追根溯源，回归家庭教育的本真。

二、辩证考量，拨乱反正

教育有优劣，方法有利弊。本章以爱为切入点，以正善为根本，对家庭教育的责任与主体、朴素与奢华、复古与超前、经营与放任、穷养与富养、影响与反影响、控制与反控制、有情与无情、勤劳与懒惰、有用与没用、有边界和无边界等方面，进行重点辩证考量，以期拨乱反正，让家庭教育不再迷茫。

三、重点分析，明辨是非

教育有重点，行为有是非。本章从日常生活的角度，就孩子的人来疯、歇斯底里、离家出走、叛逆、早恋、饮食、学习等让家长迷茫无助，甚至头疼的典型表现，进行重点分析，以期明辨是非，切中要害，对症下药，让家长端正行为，让孩子回到正轨。

四、分门别类，弃劣从优

家长的层次各异，教育孩子的方式也千差万别。本章列举了 15 类典型的家庭教育方式，从本能、讲理、娇惯、肯定、累赘、冷、内紧外松、攀比、强势控制、小团体、寓教于乐、自律、自我牺牲、差评和简单粗暴等层面，遵循正善原则，深入细致、透彻精到地进行分析论证，以期家长对号入座，弃劣从优，避免主观妄为而误了孩子的一生。

五、他山之石，利于攻玉

榜样的力量是无穷的，榜样不仅接地气，更加真实入心。本章精选日常生活中作者自己亲身经历的家教案例，借用寓言、故事或纪实的手法，把身边具有教育和借鉴意义的家教精华呈现出来，供家长学习和借鉴。

托尔斯泰说："全部教育，或者说千分之九百九十九的教育，都归结到榜样上，归结到父母自己生活的端正和完善上。"

家庭教育是一项功在现在，利在未来的伟大事业。家长神圣的使命和职责，要求我们必须要做一个好家长，做一个合格的家长。为了我们自己，为了可爱的孩子，为了子孙后代的繁荣昌盛，就让我们走进《赢在家教》，用正善的智慧，来滋养自己，成全家人吧！

2020.8.30

学者刘磊（刘亚儒）

目录 CONTENTS

第一章
理顺关系
追根溯源

第二章　拨乱反正 辩证考量

第三章
重点分析
明辨是非

第四章
分门别类
弃劣从优

第五章

他山之石
攻玉
利于

理顺关系
追根溯源

核心家庭关系
圆三角理论模型

（01）

核心理念：三个世界定乾坤。

一个人就是一个小宇宙，以个体的人为中心构建的系统，就是一个独立的小世界（用圆来表示）。

宇宙由天、地、人构成，家庭由父亲、母亲、孩子组成。父亲是家庭的天，母亲是家庭的地，孩子是天地所孕育的人。核心家庭是指由父亲、母亲和孩子三个独立的小世界共同构成的典型家庭模式。

按照独立又相互依存的三分原则，将分别代表父亲（三角形左下角的圆，以下同）、母亲（三角形右下角的圆，以下同）和孩子（三角形上方的圆，以下同）三个小世界的圆两两均衡相交，并把圆心点两两相连，构成一个等边三角形（正三角形），即构建成核心家庭圆三角理论模型（见图1）。其中三个圆分别代表父亲、母亲和孩子的个人世界，正三角形代表由父亲、母亲和孩子共同组建的核心家庭。圆和正三角形具有极强的稳定性，因此核心家庭具有完整稳定的特征，也具有正和善的品质。

图 1

在核心家庭圆三角形理论模型中，三个两两相交的圆形成不同的交集：父亲、母亲和孩子的共同交集，是家庭的核心区，体现的是爱的功能；母亲和孩子的交集（包含家内家外部分），体现的是依恋和情感功能；父亲和孩子的交集（包含家内家外部分），体现的是刚健、独立和智慧功能；父亲和母亲的交集（包含家内家外），体现的是婚姻功能；

理顺关系
追根溯源

第一章

三角形中各自独立的部分，体现的是个人在家庭中的独立私密空间；三角形之外圆内部分，体现的是父亲、母亲和孩子各自独立于家庭之外的社会性存在。

因此，核心家庭中，婚姻是根基，爱是内核，依恋、情感、刚健、独立、智慧和私密空间是内容。无论婚姻、爱、依恋、情感、刚健、独立、智慧、私密空间，还是家庭之外的独立世界，都必须合于正善，维系着动态平衡，保持着和谐与稳定，才能有家庭的幸福圆满，事业的成功成就。

正和善，是核心家庭存在和发展的前提和保障。家庭中的任何一个成员，如果偏离正善，那么家庭的完整与和谐必然会遭到破坏，导致家庭延续和发展困难。

爱，是家庭的内核。无论父亲、母亲和孩子，都必须服从服务于爱，各守其分，各尽其职，共同经营和维护爱的稳定与和谐。只要爱出现问题，家庭的核心就开始动摇，家的稳定性就会受到损害，各种麻烦、问题或障碍就会层出不穷，把家庭搞得支离破碎。

婚姻，是夫妻关系连接的纽带，是家庭稳定的根基。家庭依靠婚姻来维系，和谐、稳定、幸福的婚姻，总能使家庭稳如泰山，密不可分。只要婚姻出现问题，家庭根基就会动摇，家庭就会失衡失稳，濒临解体。

依恋和情感，是母子关系连接的纽带。孩子的安全感，就源自对母亲的情感寄托和安全依恋。只要母子之间的依恋和情感出现问题，就必然损害孩子安全的完整感构建，导致生命中最重要的安全感的缺失。

刚健、独立和智慧，是父子关系连接的纽带。父亲是孩子的天，孩子的阳刚之气、独立品质和智慧之光，皆来自父亲的影响和熏陶。如果父亲缺位，女孩就会男性化，男孩就会女孩化，导致孩子心理和人格出现障碍或异常。

秘密空间，是个体的人在家庭中的安生之所。任何人，都需要一定的独立和秘密空间，来让身心安住，让灵魂静定。如果没有独立的秘密空间，人的身心无所安住，灵魂不能静定，家就不再是家，而是囚笼或枷锁。

家外的独立个人空间，是个体的人发展的舞台。外部世界再大，但心必须根植于家，爱必须沉淀于家，情必须寄托于家，然后才能有家有国有天下，成就一个圆满幸福成功的人生。心若离家，必然家不成家。心灵四处漂泊，何来幸福可言？即便成功，也不圆满。

根据父亲、母亲和孩子个人世界交集的不同或有无，可分为如下不同的家庭关系类型：

1. 空心家庭

父亲、母亲和孩子各自保持独立，没有交集，虽然共同组成一个核心家庭，但是家庭中爱的缺失，导致家庭处于空心状态，属于形式上的家庭，缺少实质性的内容（见图2）。

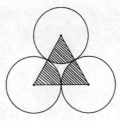

图2

2. 单亲家庭

家庭中父亲或母亲缺位，导致家庭关系变成直线，同时各种家庭功能高度集中和融合，导致家长和孩子阴阳失衡，你我不分，心理和人格都难以健康健全（见图3、图4）。

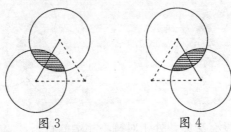

图3　　　　　图4

3. 丁克家庭

只有夫妻二人组建的家庭，没有孩子，没有传承，注定没有未来（见图5）。

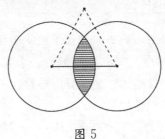

图5

4. 对抗型家庭

家庭三人中有两人相互没有交集，分为父亲和母亲没有交集、父亲和孩子没有交集、母亲和孩子没有交集三种类型。

其中，父亲和母亲没有交集，婚姻关系处于对抗不相融的状态，父母世界退行缩小，与孩子的交集变小，父母对孩子的影响力变小，家庭出现空心和失稳，导致家庭危机四伏，孩子严重没有安全感（见图6）。

图 6

父亲和孩子没有交集，处于对抗不相融的状态，双方个人世界退行缩小，与母亲的交集变小，弱化了婚姻关系，损害了孩子与母亲的安全依恋及情感寄托，家庭出现空心和失稳，导致家庭矛盾冲突不断，孩子阳性特质发展的缺失（见图7）。

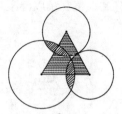

图 7   图 8

母亲和孩子没有交集，处于对抗不相融的状态，双方个人世界退行缩小，与父亲的交集变小，弱化了婚姻关系，损害了父亲和孩子的交相影响力，家庭出现空心和失稳，导致孩子阴性特质发展的缺失（见图8）。

5. 强势控制型家庭

父亲或母亲强势霸道，将母亲和孩子或父亲和孩子完全掌控，致使他们的个人世界退行缩小，家庭重心偏移，个人的独立性和自主性丧失，压抑感增强，依赖性增加，爱变异，导致孩子养成依赖型人格，难以独立和成才（见图9—图11）。

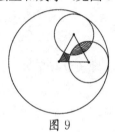
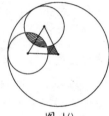
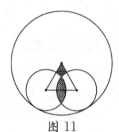

图 9   图 10   图 11

6. 失衡型家庭

可分为父亲和母亲完全掌握孩子、父亲和孩子完全掌握母亲、母亲和孩子完全掌握父亲三种类型。此种类型也会出现相关家庭功能被不断放大，部分功能被不断压缩甚至丧失，爱出现异化，婚姻关系变形，被控制者丧失独立性和自主性，家庭因趋向于直线性而出现发展障碍，孩子也因阴阳失衡而成长受损（见图12—图14）等问题。

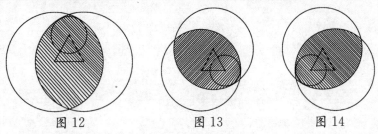

图12   图13   图14

7. 离散型家庭

可分为孩子和父母完全割断、母亲和孩子及父亲完全割断、父亲和母亲及孩子完全割断三种类型。此种类型是父亲、母亲和孩子都存在，但因种种原因而与家庭割断，从而使家庭成员始终处于离散状态，不能圆满（见图15—图17）。

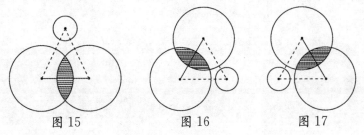

图15   图16   图17

8. 解体型家庭

即父亲、母亲和孩子互相没有交集，彼此割断独立，家庭的一切功能丧失，无以为家（见图18—图20）。

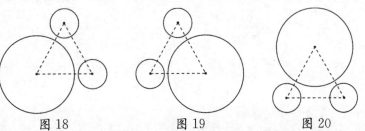

图18   图19   图20

总而言之，父亲是孩子的天，母亲是孩子的地。天清地宁，孩子祥和安泰；天崩地裂，孩子凶多吉少，惊恐难安。核心家庭圆三角理论模型，能够形象直观地解读各种家庭关系，呈现各种家庭矛盾和问题，对婚姻家庭、亲子关系和家庭教育，都具有很强的指导性和实用性，是一种比较理想的操作工具。

家庭教育 的奥秘

家庭，是社会的细胞，是国家存在和发展的基本单元。家庭健康、稳定并可持续发展，社会就会和谐稳定，国家就能长治久安。一棵大树，如果根出现了问题，那么树干和枝叶不是干枯病害，就是夭折。家庭出现问题，社会和国家也必然会成为无源之水，无本之木，变成形式化的躯壳。

家的本意是指人蓄养生猪的稳定居所，引申为人具有一定经济基础的稳定居所。无法维持生计，家庭就会分崩离析；居无定所，自然无家可言。庭的本意是室、厅堂或院子。《道德经》第十一章讲："凿户牖以为室，当其无，有室之用。"庭，是指人构建的，具有独立空间和休养生息功能的基本单元。然而，由人和室所构成的家庭，只是物理意义上的家庭。人是万物之灵，是处于金字塔顶端的高级灵长类生物，人区别于动物、植物和微生物的根本标志是文明和文化。因此，家庭应指以婚姻和血统关系为基础，以文明、文化为核心，供成员休养生息的独立空间和稳定可靠的居所。

众所周知，人刚出生时就是一张白纸，是纯粹依靠遗传本能生存的生命，和文明、文化根本无关。人的文明和文化从何而来呢？自然是教育，只有教育才能使人从动物转化成真正意义上的人。那些由于特殊原因而被狼、羊、猴等动物养大的"狼孩""羊孩""猴孩"等，既不会说话，也没有人的思想、意识和行为，只会发出养主的声音，只会遵从养主的饮食和行为模式，就是纯粹的动物。因此，教育是人之所以成为人的根本所在。

理顺关系 追根溯源

第一章

一

教，《说文解字》定义为："上所施下所效"；《礼记·学记》解读为："长善而救其失"。传统意义上的教，是上行下效，是长善救失。养不是教，也不能替代教；滋邪长恶不是教，更加不能替代教。榜样引领才是教，循序渐进才是教，潜移默化才是教，春风化雨才是教，一个生命影响另一个生命才是教。因此，但凡教者，首先自身要言行中正，遵道顺德，其次才能榜样引领，潜移默化地实施教化。如果教者本身就逆道背德，言行失正，又如何能教化别人呢？被教者又如何能学好学正得善呢？假如家长满口脏话，孩子能语言文明吗？家长整日玩乐不学习，孩子能不喜欢玩乐，能爱好学习吗？家长整日打麻将，孩子未来能不打麻将吗？家长总是不正经，孩子能一本正经吗？家长行邪就恶，孩子能品正行善吗？

育，《说文解字》定义为："养子使作善"；《现代汉语词典》定义为：生育，养活和教育，即既生，又养，又教。从本质上讲，育是教正养善，而不是纯粹的生和养。既不能用生替代育，也不能把养替代育，更不能用功利来替代育，能且只能把"教正养善"当作育。因为，只有守正养善的人才能称为真正意义上的人，那些行邪作恶的人，只是具有人形的躯壳，实质就是魔鬼和禽兽。

教育，《现代汉语词典》定义为：按一定要求培养人的工作，主要指学校培养人的工作；按一定要求培养；用道理说服人使照着（规则、指示或要求等）做。按照现代人对教育的定义，教育是一种工作，是一种教育人的工作；教育是对人的培养；教育是用语言对人进行说服教育，并使教育对象按一定要求去做。教育成了一种工作，一种职业，一种机构，一种言教，扭曲或含混了正善、上行下效、长善救失等教育的本真。难怪如今只要谈教育，大家都不约而同、顺理成章、自然而然地理解和应用为"老师讲，学生听""家长要求，孩子听从""读书就是受教育""成绩好就是受教育好"等，教育已经从传统的以正、善和行为主，转变成以读书为主，以学才艺为主，以分数为主的教育体系和教育模式，沦为名副其实追求功利的工具，成为"填鸭式"的霸王条款。如今，教育乱象环生，问题层出不穷，越来越多的学生厌学、逃学、压抑、焦虑、心理亚健康、高分低能，出现严重的心理或精神问题，甚至不堪重负而离家出走或者自寻短见等，这些都是因为教育脱离了根本，是急功近利，舍本逐末的必然结果。

综上所述，所谓家庭教育，是指以家庭为单位，以父母为主导，以子女为中心，以正、德、善为根本，以"上行下效""长善救失"和"身体力行"为宗旨，养正善、长德才、去本能、抑邪恶的综合系统工程。无正不成教育，无善不能养德，无德不能成才。因此，家庭教育重在以"正、德、善"为主体的品德教育，重在以"洒、扫、应、对"为主体的做人教育，重在以"自立、自强、自给自足"为主体的生活技能教育，重在以"长善救失"为主体的日常行为习惯教育，重在以"榜样引领"为主导的身体力行教育，而不是纯粹的知识、才艺或功利教育。

　　家庭教育也是一个以家长和孩子为主体的，动态变化的综合平衡体系。动态变化是家庭教育的根本属性，以家长和孩子组成的特殊时间和空间关系，是家庭教育的存在形式。家庭教育的过程就是对特殊时间和空间关系动态协调平衡的过程。家庭教育的成败，取决于整个体系的平衡与否。若体系平衡，则家庭教育成功；体系失衡，则家教失败。

　　从家庭教育、社会教育和学校教育的相互关系而言，家庭教育是基础，也是最为重要的启蒙教育。基础扎实了，启蒙教育做好了，社会教育和学校教育就有了良好的基础和条件，因而能够轻松地完成教育使命，把孩子培养成德、智、体、美、劳全面发展的新时代社会主义接班人。如果家庭教育这个基础没打好，启蒙教育没做或做得不到位，那么社会教育和学校教育就会面临"拔苗助长"的尴尬处境，教育结果可想而知。因此，家庭教育是不可替代的，也是不能替代的。家庭教育可以包含社会教育和学校教育，但是社会教育和学校教育很难替代家庭教育。那种把教育寄托于社会和学校，或者寄托于外人或老师，家长不履行或者放弃自己应尽的责任和义务的，是注定会失望，注定要出问题的。

　　对于孩子而言，家庭教育、社会教育和学校教育是有机统一的整体，是相互配合、各有侧重、不能独立和分割的。缺失任何一方面的规范有效教育，孩子的人格和人生都会不完整，都必然会在今后的人生历程中不断补课，不断交学费，但终究会成为生命无法弥补的短板，成为人生的遗憾和缺陷。

　　家庭教育作为一个综合系统的百年工程，做好了，自然功在当代，利在千秋；如果做得不好，则往往害在当代，殃及后世。

习惯
的奥秘

习惯，是指人经过日积月累、反复重复所形成的，相对稳定程式化的思想、语言、情绪、态度、情感、意志、行为等。英国哲人查尔斯说："播下一种思想，收获一种行为；播下一种行为，收获一种习惯；播下一种习惯，收获一种性格；播下一种性格，收获一种命运。"人的思想决定行为，行为决定习惯，习惯决定性格，性格决定命运。习惯，是人大脑的思想意志相对稳定的外在程式化的表现。

人大脑的意识系统如同漂浮在海洋上巨大的冰山，露出水面极小的部分是显意识，简称意识；深藏于水下不可见的绝大部分，是隐意识，简称潜意识。人的意识根植于潜意识，又反作用于潜意识。人的习惯也根植于潜意识，是一种后天形成的、不受意识控制的、能够自动自发运作的思想和行为模式。人的潜意识能产生思想、意识和行为，人的思想、意识和行为又能反作用于潜意识，形成相生相成、相互联系又相互制约的联动系统。

趋乐避苦、趋利避害是人的天性。人刚出生时如同一张白纸，受到本能的驱使，总是不厌其烦、乐此不疲地趋近令自己快乐的事物，追求对自己有利有益的事物；也总是本能地回避和疏远让自己痛苦的事物，厌恶对自己不利或有损害的事物。在乐与利、苦与害的反复互动中，人的思想和行为逐渐强化、规范并固定成形，慢慢便形成了独具特色的思想和行为模式，养成了独特的行为习惯。人身体的机能，遵从用进废退的自然法则，会因反复运用而不断强化发展，也会因缺乏运用而不断衰弱退化。因此，人的习惯，来自以内在快乐和满足为基础的潜意识塑造，来自趋乐避苦、趋利避害思想和行为的强化与发展。

人的习惯是极其顽固的，一旦形成往往终生无法改变。

自然万物都有两极性，有阴必有阳，有好必有坏，有利必有害，有善必有恶。人的潜意识没有区分好坏善恶的能力，对任何形式的好坏善恶都会不加选择地接收和记忆。建立在潜意识基础之上的习惯，同样既有好，也有坏；既有善，也有恶。

所谓好习惯，是指建立在正善基础上的，以真、善、美为核心的思想行为模式。所谓坏习惯，是指建立在邪恶基础上的，以假、丑、恶为核心的思想行为模式。好习惯并非天生具有的，而是在人类的文明、文化、科学、传统、伦理道德、社会群体和社会环境的影响和制约下，后天培养和塑造而成的。坏习惯也并不是天生具有的，是后天缺乏规则规范教育，缺少文明文化教化，邪恶滋长、正善消隐的结果。好习惯是有益的、文明的、文化的、社会的、大众的、道德的、长治久安的，因而是去本能的；坏习惯是有害的、野蛮的、自私的、邪恶的、招灾引祸的，因而总是放纵本能。好习惯如同阳光雨露，能使人终身受益，不断给人生加分；坏习惯则如同邪恶的魔咒，能使人终身受损，不断给人生减分。人往往成在习惯，败也在习惯。

人的习惯，可以在没有意识参与的情况下由内而外、不知不觉中养成，也可以在理性意识的主导和控制之下由外而内地培养和塑造。人的理性和意识，很难战胜感性和潜意识。习惯养成通常是由内而外容易自然，由外而内困难不自然。因此，习惯培养应坚持由内而外为主，由外而内为辅的塑造模式。

用正善稳定的规范模式来培养习惯，不能用邪恶和变化无常来塑造习惯；用自觉主动来培养习惯，不能用消极被动来塑造习惯；用兴趣爱好来培养习惯，不能用索然寡味和厌烦讨厌来塑造习惯；用舒缓持久来培养习惯，不能用急功近利来塑造习惯；用爱和温情来培养习惯，不能用恨和冰冷来塑造习惯；用协调平衡和谐来培养习惯，不能用失衡失谐格格不入来塑造习惯；用积极正能量来培养习惯，不能用消极负能量来塑造习惯。

人潜意识的记忆不能清除，只能淡化、遗忘和替代。人的坏习惯也不能根除，只能搁置弱化，用好习惯来替代。人的思想、意识和行为具有单一性和惯性，人的大脑不可能同时呈现两种或两种以上完全不同的思想、意识和行为。也就是说，人呈现正，自然就抑制了邪；呈现了善，自然就排除了恶；呈现积极正能量，自然就排除了消极负能量；呈现了好习惯，坏习惯自然弱化消失；呈现坏习惯，好习惯也就无影无踪。所谓改变习惯，无非是用好习惯替代坏习惯，让坏习惯的循环链中断，使坏习惯缺乏潜意识的滋养和行为的强化，慢慢弱化、退行和消失。

好习惯并不是人想要就能拥有的，坏习惯也不是人想改变就能改变的，很多情况下并不以人的意志为转移。改变习惯是人的潜意识的革命，不经历内外颠覆性的革命，是很难凤凰涅槃、浴火重生的。人的坏习惯不能改变，根本原因就是自己不能革自己的命。人革命才能改变命运，因此只有革命才能改变习惯。自己不能革自己的命，依靠别人的帮助或强压，命只能越改越差，坏习惯必然越改越强。习惯的培养和训练，是一个综合系统的身体适应再调整的过程，是一个人战胜自我，增强能力，获得成功的最佳手段。人能战胜自我，就能征服世界。

撼泰山易，改人的习惯难，这是亘古不变的真理。

家庭教育重在对孩子好习惯好品质的培养和塑造，孩子习惯的养成，能且只能从小开始，从无到有地培养和塑造，而不能等坏习惯已经养成再竭尽所能去改变。家庭教育的最大误区就是重智轻德，重才轻能。

痴迷或成瘾
的奥秘　　④

痴迷或成瘾，是强刺激所导致的潜意识习惯性依赖。但凡痴迷或成瘾，都是深入潜意识的，是自动自发的、不受意识控制的，因而人总是无能为力，无可奈何，难以改变或根除。

人潜意识的构建，需要依赖身心灵动系统和外部变化系统所承载的、在正常生理感知范围之内的特定信号，进行不断反复的刺激和强化。过弱的信号不能触发人的感知觉系统，因而不能对人造成干扰和影响；过强的信号由于超出生理承受能力，因而必然会对人的感知觉系统和潜意识造成损害：一方面，会导致人的感知觉系统失灵，甚至对感知觉器官造成永久性的损害；另一方面，受到强刺激信号的障碍，使人丧失对较弱信号的接收和感知，使人的潜意识被强信号所承载信息所占据。人的潜意识具有自动自发循环流变的特性，当人的潜意识中只有强信号所构建的循环模式时，就只能循环往复地运作此单一模式，从而形成痴迷或成瘾性依赖。

人的感知觉器官，具有自适应本能，会对各种相同或相似的信号很快适应麻木，使传递到中枢神经系统的信号减弱。对于痴迷或成瘾者而言，低于潜意识循环模式强度的信号刺激，会使潜意识由于缺少刺激而逐渐失去活力。人受到灵动本能的驱使，就会自觉主动地去寻求外界能够激发潜意识活力的强信号。感知觉器官耐受力不断增强和潜意识系统对强信号刺激的渴求，会使人对信号强度需求的不断加码而产生恶性循环，最终因身心系统的崩溃而告终。

痴迷或成瘾一旦形成习惯，就会成为不归之路，如果不及时切断相

理顺关系
追根溯源

——

第一章

一

应的恶性循环模式，那么人就不可能从痴迷或成瘾中解脱出来。

如果致使人痴迷或成瘾的事物属于正而善的，那么尽管会对自己的身心造成一定的损害，但却由于能够利人益物，会在成就他人他物的同时，获得积极正能量的回向，使人受损的身心得到补偿，因而能够利人利己；相反，如果所痴迷或成瘾的事物是邪或恶的，那么人在损害自己身心的同时，会由于受到害人害物反作用力的破坏，而遭受双重的损害，并因损害的不断加深而身心俱焚，早早毁灭。邪恶性痴迷或成瘾的害人害己性，决定了人必须远离邪恶，无论如何也不能让邪恶沾身，否则就是自取其祸，自取灭亡。

人活着，总会有各种各样的兴趣爱好，也会自觉不自觉地痴迷或成瘾。人会痴迷成瘾的本性，决定了任何人都必须把邪恶视同洪水猛兽，片刻也不能疏忽大意，否则，邪恶一旦有机可乘，往往会一发不可收拾，招致灭顶之灾。

孩子生命的最初阶段，即潜意识建构和发展的关键时期，是在父母或家长的影响和保护之下完成的。一岁看三岁，三岁看一生，足见家庭教育的重要性和决定性。父母对孩子正善的培养和塑造，以及对邪恶的隔离和遏制，将直接决定家庭教育的成败。孩子对邪恶的痴迷或成瘾，一定是家长的责任；孩子对正善的痴迷或成瘾，也一定是家长的功劳，与孩子自身的特质关系真的不大。任何把家庭教育失败，或孩子的邪恶归于孩子自己或外界的行为，都是极端不负责任的行为，自然也是害人害己的行为。

让对正善的痴迷或成瘾成为孩子生命的助力、成为他人他物的利好，是家庭教育的终极使命！

家庭教育的
基本纲领

教育的基本纲领是：身安、神定、心暖和养正。

身安，即让孩子身有所安。安身属于物质环境的安全和保障，安身的前提是衣、食、住、行安全有保障，存身环境自然和谐，与身体接触互动的人、事、物祥和宽松，充满积极阳光正能量。

神定，即让孩子神有所定。神定属于精神层面的安全和保障，是在身体安全、健康、和谐、快乐的基础上，让精神有所依，有所住，有所定。人只有精神与肉体和谐统一，才能保持思想、语言、情绪、态度、情感、意志、行为等纯正不违和，做到言行一致，知行合一，心理、精神、智力等全面、协调、稳定、健康发展。

心暖，即让孩子心有所暖。心暖属于生命层面的安全和保障，是在身安、神定的基础上，给予孩子生命以爱和温情、陪伴和呵护、滋养和温暖，让生命在爱的阳光雨露的滋养下，健康茁壮地成长和发展。

养正，即让孩子正有所养。养正属于灵魂层面的安全和保障，是在身安、神定、心暖的基础上，给予孩子正善的培养和塑造，用正善强壮坚固孩子的生命之根、灵魂之本，让孩子能经受人生中任何形式的艰难困苦、风吹雨打而安然挺立，能够风雨不动安如山。

身安、神定、心暖和养正，是紧密联系，缺一不可，逐级递进和保障的四个方面。孩子身不能安，神就不能定；神不能定，心就不能暖；心不能暖，正就无以养。

家长只要能够遵循上述家庭教育基本纲领，给予孩子身安、神定、心暖和养正，孩子就会自然而然地受教，并在正善的阳光大道上前行，

理顺关系
追根溯源

——

第一章

一

想不优秀卓越都不行。孩子只要不受教，只要不学好，只要行邪向恶，就一定身不安，或者神不定，或者心不暖，或者正不养，或者兼而有之。改变和塑造孩子，必须从基本纲领入手，顺序给予孩子安全和保障，才能事半功倍。

家庭教育最忌讳的，就是家长迷茫混乱，不知如何是好，或者舍本逐末，眉毛胡子一把抓。丢掉根本的教育，注定是不能成功的教育，家长必须要重视和警醒。

家庭教育的 ⑥ 基本原则

家庭教育是百年树人的神圣事业，是复杂变化的综合系统工程。成功的家庭教育，能造就德才兼备的卓越继承者，是为人父母者最伟大的功德。家庭教育的神圣和伟大，决定了家庭教育必须坚守如下基本原则不动摇：

（1）以正为本原则。家庭教育根在正，品在德，行在善，脱离正、德和善，就不是教育，而是祸害。

（2）潜移默化原则。家庭教育的核心是对孩子潜意识思维模式、品德和行为习惯的培养和塑造，而潜意识是不受理性和意识控制而自动自发循环运转的。因此，家长用正、德、善的言谈举止，通过耳濡目染、潜移默化的方式，使孩子在不知不觉中学习和成长，这才是家庭教育的至高境界。

（3）赏识肯定原则。家长对孩子积极正能量的赏识和肯定，是孩子最具建设性的营养素，好孩子的动力都是来自父母对其的赏识和肯定。

（4）循序渐进原则。十年树木，百年树人。教育培养孩子是百年工程，只能脚踏实地，一步一个脚印，循序渐进地实施教化，万不可急功近利、变化无常或中断放弃。

（5）榜样示范原则。家庭教育是家长做，孩子模仿，而不是家长说，孩子做，或者家长强迫，孩子执行。己所不欲勿施于人，家长不愿意做或做不到的事情，就不要强加给孩子，更加不要强迫或强制孩子。

（6）兴趣快乐原则。兴趣是最好的老师，快乐是学习的动力之源。没有兴趣，痛苦压抑，孩子就会本能地逃避和拒绝受教，更加不会自觉

理顺关系 追根溯源

第一章

一

主动地学习。用兴趣成全孩子，用快乐推动学习，是家长必备的基本功。

（7）自立自信、责任担当原则。人，自立才能自信，自立自信才能担当负责任，才能成人成才。孩子只要不能自立，就注定没有自信，注定不能担当，注定不能负责任，因而也注定是失败的家教。自立，是家庭教育的基本立足点。

（8）立足长远原则。家庭教育的终极目标，是孩子自立自强、成人成才、成功成就，而不是眼前的鸡毛蒜皮、成败得失。当下的一切再好，再完美，只要不利于孩子的未来和前途，就必须果断舍弃，绝不能只顾眼前丢掉长远，一叶障目不见森林，这是家长至关重要的前瞻性眼光。

（9）爱与奉献原则。爱是家庭教育的法宝，奉献是家庭教育的支柱。没有爱或错爱，家庭教育必将偏离正道；没有奉献，家庭教育也难以为继。爱和奉献，是一种和谐快乐的流动，是家长和孩子之间无障碍的互动和促进，是家庭幸福圆满的根本。

（10）规则规范原则。没有规矩，不成方圆。家庭教育必须立足规矩，用规则和规范来塑造孩子的思想和言行。脱离规则和规范，家庭教育将变成无源之水，无本之木，教无所依，育无所靠，想成功根本不可能。

（11）理性智慧原则。家庭教育，绝不是情绪化的发泄，更加不是感性的奴仆，而是理性智慧的闪光。任何形式的消极负能量、感性情绪化的亲子互动，都是对家庭教育的损害和破坏。没有理性智慧就没有教育，理性智慧是家庭教育的神性所在。

（12）驱邪避恶原则。邪恶，是毒害孩子身心的恶魔。任何一个聪明灵透的孩子，都不可与邪恶沾边，不可让邪恶滋生和发展。家长最重要的职责和使命，就是竭尽所能驱邪避恶，为孩子创造积极正能量、正善的成长环境和条件，去除任何形式消极负能量邪恶的存在，这是孩子生命的理想国，更是孩子终身的福报。

自己解放自己的观点

在家庭教育体系中，家长和孩子是家庭教育的实施者和接受者，是相互独立、自主担当、各负其责的事情。解放自己的目标是明确各自的责任、权利和义务，独立自主、尽心尽责地做好自己的分内之事，反对恩赐和包办替代。家庭教育还需要家长和孩子能够自觉地相互配合，相互协作，相互影响，相互渗透，共同学习，共同进步。

全心全意为孩子服务的观点

一切为了孩子，一切为了家庭，一切以孩子成人成才为中心。家长要用理性、客观、智慧的爱和无私的奉献，给孩子树立正确的榜样，对孩子实施全方位的潜移默化的教育。孩子不是家长的工具，不是家长的宠物，更不是家长施展权威或淫威的对象。任何有损孩子健康成长或者要求回报式的养育，都是错误的。

对家庭教育负责的观点

家庭或家族文化传承的核心是家庭教育，也是人类延续发展的根本保障。家长的责任并不仅仅是挣钱养家，维持家庭稳定，给家庭和孩子创造更好更优质的物质生活条件。家长更重要的责任是对孩子的教化，这是事关家庭兴衰和国家兴旺发达的百年大计，是所有家庭的责任中心。所以，家长务必将对自己负责、对家庭负责同对孩子负责统一起来，坚定杜绝置家庭利益于不顾，对孩子成长教育漠不关心、敷衍了事、不负责任的态度和行为。

理顺关系
追根溯源

——

第一章

——

终身学习提升发展的观点

社会在不断进步和发展，知识的更新日新月异，个人的思想、知识和能力，总是落后于社会发展的步伐，很难与时俱进，全面发展。因此，家庭中的每一个成员，都必须牢固树立终身学习提升发展的观点，向身边人学习，向社会学习，向古圣先贤学习，向国外学习，在不断提升自我的同时，推动家庭教育不断向前向纵深发展。

理论和实践相结合的观点

家庭教育必须紧紧依靠广大家长，依靠他们的智慧和力量，依靠他们的信任和支持，在实践中将各种分散无系统的思想、观念、经验、方法、模式集中起来，去粗取精，去伪存真，通过能动的思考、研究、创新和整合，形成更具理论性、针对性、科学性和可操作性的家庭教育理论体系。用理论指导实践，用实践丰富并完善理论，做到理论和实践相统一，不断把家庭教育事业向前推进。

家庭教育
的净土

08

所谓净土，是指清净自然、没有污染的庄严世界。家庭的净土，是指爱而温暖，清净自然，正善和乐，没有世俗消极负能量或邪恶污染的理想家园。家庭教育的净土，是孩子成长的天堂，发展的风水宝地。

家庭，依靠婚姻和血缘关系维系，婚姻和血缘关系的主导者是父母。因此，家庭教育的净土，决定权在父母，依靠父母创造和维护，孩子只是受益者。

家庭教育的净土，首先来自父母婚姻关系的幸福和圆满。幸福的婚姻关系，是家庭稳定和谐幸福的保障。家庭幸福和谐，才会拥有理想家园，才能衍生教育的净土。家不成家，婚姻风雨飘摇或支离破碎，想拥有家庭教育的净土，是根本不可能的事情。

有了幸福和谐的家，爱就有了依靠，心灵就有了港湾，父母对孩子的爱和温暖，就会自然而然地流露和表达，孩子也自然而然地能够和父母建立爱的连接，保持爱的流动。如果婚姻关系出现问题或状况，必然会影响和制约父母对孩子爱的流露和表达，阻碍孩子和父母爱的连接，导致亲子之爱难以流动。一旦亲子之爱出现了问题，孩子的灵魂就失去了寄托，并因恐惧或紧张而损害或破坏安全感的构建，从而出现心理或精神问题。

家庭的和谐幸福和爱的温暖，具有强大的向心力和凝聚力，能够产生强大积极的正能量的磁场，让整个家庭阳光普照，生机盎然，自然而清静。团结、稳定、快乐、积极、幸福的家庭成员，能够自觉对抗人生中的风吹雨打，抑制各种消极负能量和邪恶侵蚀，自然而然地守正养善，成就家庭教育的一方净土。

但凡家庭成员之间存在主次不清、分工不明、无序混乱、霸道强势、恣意妄为、指责否定、变化无常、消极邪恶等问题或现象，都是对理想家园的损害或破坏，都是对净土的污染和侵蚀，也都是家庭教育最普遍最难克服的毒瘤，足见营造和保持家庭教育净土之艰难，也更能体现理想家园和家庭教育净土的弥足珍贵。

理想家园，是生命的净土，智慧的源泉，灵魂的港湾！

在自然界的生命序列之中，只有人类对双亲的依赖时间最长。《易经·蒙卦》中讲："蒙以养正，圣功也。"对童蒙施以正养，是圣人的功德。物稚不可以不养，养必以正，这就是正养。

养正教育，必须遵循如下原则：

（1）坚持以正为本原则。家长和孩子都要正心、正身、正念、正言、正行，远离邪恶和消极负面事物的影响。

（2）坚持以德为先，德善同育原则，以德塑人，以善养才。

（3）坚持"真、善、美"原则，抑恶扬善，弃恶从善。

（4）坚持勤劳俭朴原则，杜绝懒散和奢侈浪费。

（5）坚持理性、智慧和稳定原则，反对家长主观感性情绪化，易变善怒而让孩子无所适从。

（6）坚持积极正能量原则，克服或消除消极负能量的滋生和蔓延。积极正能量对孩子的成长发育总是有益和建设性的，而消极负能量对孩子的成长发育总是有害和破坏性的。要想教育好孩子，要想让孩子走正道，只能用积极正能量替代消极负能量，没有别的路可走。

（7）坚持循序渐进原则，反对盲目乐观和急功近利、急于求成。家庭教育是一个稳定持续而漫长的过程，欲速则不达。而正能量的潜移默化、缓慢渗透，才是家庭教育的真谛。

（8）坚持榜样引领，言传身教原则，要求孩子做到，家长自己要先做到；要求孩子不做，自己则率先不做。

（9）坚持兴趣快乐原则，反对强压痛苦式教育，还孩子自由快乐天

理顺关系
追根溯源

第一章

一

真烂漫的美好童年。

蒙以养正，是家庭教育的核心理念。正养才能立德，立德才能成善，德善同育，智慧和才能共塑，则前途光明，未来无忧。

启蒙，是启孩子的蒙，更是修家长的心，练家长的正和德。

家长最难做到的就是自我修炼、自我改变和自我提升：一来是家长们意识不到自己的问题，更不可能主动去改变；二是家长虽然感觉到自己的问题所在，但并不在意，而是听之任之，顺其自然；三是即使有的家长想去改变，但却苦于不知如何改变；四是很多致力于自我改变的家长，往往在坚持上栽跟头。所以，家庭教育中，最需要改变的是家长，而最不愿意改变、最难改变的也是家长。

没有改变不了的坏习惯，没有解决不了的问题，只有不愿意改变、不愿意践行的人。人的坏习惯能够养成，就一定能够改变；人的问题能够产生，就一定能够解决。家长只要守正养善，坚持学习，积极修炼，一切问题都会迎刃而解。

家长变，孩子跟着变；而不是孩子变，家长跟着变。

家庭教育中，真正的主导者是家长而不是孩子。教育的主体是孩子，但主导者却是家长。

孩子养正的根基，是家长要正。只要家长不正，孩子养正教育将成为无源之水，不是水中花，也是镜中月。

对于人，正是一种习惯，邪同样是一种习惯。当一个人以正为习惯时，邪将与他水火不相容，邪于他而言就会非常不适应，非常不舒服，非常不开心，因此就会本能地远离或躲避。同样，若一个人以邪为习惯，那么正总是会令他特别难受，特别不舒服，特别别扭，因此身不能治正，心不能融正，念不能喜正，自然就会远离和逃避正。

既然正和邪都是人的一种习惯，那么完全可以通过习惯改变的模式，来实现人的由邪转正。

人正则天地正，人邪则天地邪。

家长的养正比孩子养正更加重要和紧迫。因为只要家长正，那么家庭中所有人都会跟着受益，孩子就能在潜移默化中获得正养。

养正的原则需要家长的遵守和践行，这是养正教育的前提和保证。

老子有三宝：一曰慈，二曰俭，三曰不敢为天下先；佛家有三学：戒，定，慧；儒家有三达德：仁，智，勇；家庭教育有三宝：正，善，慧。

正，一下有止。《道德经》中讲："道生一，一生二，二生三，三生万物。"道是宇宙及万物的主宰，是自然的规律。《大学》中讲："大学之道，在明明德，在亲民，在止于至善。"至善即归一，归一则近道；止于至善，就是止于一，止于一即是正，正即合于道。正，是家庭教育的第一至宝。

善，至善归一，至善为正。人的正知、正言、正念、正行、正能量、利他为善。古语有云：善为至宝，一生用之不尽；心作良田，百世耗之有余；行善合于大道，积德去祸得福。明代大家方孝孺说："交善人者道德成，存善心者家里宁，为善事者子孙兴。"善，是家庭教育的第二法宝。

慧，上部的彗，是指扫帚，把扫帚放在心上，亦即把心田常常打扫，扫除嗜欲、贪求、执念、固有思维模式等；上部的两个丰，代表国事、天下事，中间的彐代表家事，心系家事、国事、天下事就是慧。慧也指聪明、智慧、有才智。家庭教育之慧，是指家长拥有心系家事、国事、天下事的胸襟和才智，拥有扫除思想、语言、情绪、态度、情感、行为等方面消极、负面、邪恶的意识和能力，使自己的言谈举止合于正善，智慧之光就会自然呈现。慧，是家庭教育的第三法宝。

人，守正才有善，养善才有慧。慧生于定，定源自静。因此，静是家长和孩子都要学习修炼的关键课程。

心静生善美，心浮万病来。人心若不定，灵魂就在游荡；游荡的灵魂，是是非、麻烦和祸患的根源。人性之善和美，总与人平静的内心为伍；而人性之邪与恶，总与浮躁不定相生。教育的极致，就是家长能够让孩子的心真正地静下来。家长自己能静，孩子就能静，那么就能解决90％以上的教育问题。

爱和安全感，是人心静、稳定的根源。故静不是理想，而是一种高境界的修养。

只要家长持守并遵循正、善、慧三宝，家庭教育必定阳光普照、硕果累累！

《道德经》第十七章中讲："太上，下知有之；其次，亲而誉之，其次，畏之，其次，侮之。"意思是说，最高明的领导，下属只知道他的存在；次一等的领导，下属亲近他、赞美他；再次一等的领导，下属害怕他；最次等的领导，下属诽谤他、侮辱他。

家长管教孩子，如同领导管理下属。领导有四重境界，家长也有四重境界。

最上等的家长，是孩子只知道有父母的存在，但却无处不受父母之恩和益处。水、空气和阳光，是生命不可或缺的三大元素，人人不能离开，但却都只知道它们的存在，一切自然而然。最高明的家长，如同水、空气和阳光一样，虽然无时不在滋养、保护和成全孩子，但总是自然而然，让孩子在自然和谐的环境中健康自由快乐地成长，因而天性和能力发展完全，身心健康，人格健全，才智出众。

次一等的家长，是孩子能够时时感受到来自父母的爱和恩典，能够给予孩子需求或欲望的满足，因而孩子亲近父母，赞美父母。由于家长习惯彰显和投其所好，容易激发和调动孩子的贪欲，使孩子重物质不重精神，重表象不重本质，习惯追求欲望满足，因而会不同程度地影响或制约孩子德、智、体、美、劳等的全面健康发展，稍有不慎，孩子就会迷路，就会被他人控制和利用。

再次一等的家长，是对孩子严厉、粗暴、强势、霸道、控制或强迫，孩子害怕父母，敬畏父母。由于孩子弱小而无助，面对父母强大的控制和意志强加，孩子的本能、天性、独立、自主、天赋、智力等都受到极大的压制，孩子如同笼中鸟、缸中鱼、盆中花，不得不长但又无法自由地长，不得不活又不能自主地活，不在困境中变异夭折，就在困境中变态致病，轻则容易养成极端偏执控制型人格，重则导致心理或精神疾病。那些无原则替代、包办、溺爱、纵容孩子的家长，培养和造就越来越多偏执、极端、幼稚的下一代，问题不在孩子，而在家长，是家长境界低、缺乏智慧的结果。

最次等的家长，是没有人性地欺凌压榨孩子，不把孩子当人对待，孩子受到伤害太深太重，自然而然地会轻辱父母，怨恨仇视父母。这种类型家长的孩子，长期受到超越年龄和身体能力的奴役或控制，致使孩子或者身心变态异常，或者仇恨他人和社会，或者行邪作恶等。

家长境界不同，孩子成长发展各异。境界越低的家长，越容易培养出有问题、有缺陷的孩子，因此，家长应不断学习，不断提升修养和境界，这是功在当代，利在千秋的伟大事业。

孩子往往是家长的翻版，家长是何种境界，孩子未来成为家长之后也会是何种境界。家长对孩子的影响和作用，并不仅局限于孩子一生，还会延续到子孙后代。家长正善境界高，就是无字无形的家风，是家风传承的典范和保障。家长感性、情绪化、随心所欲、境界低，根本没有家风可言，何谈传承？如果非说有传承，那一定是传承了父母不好的方面，岂不是害了孩子？

想孩子正，家长不正能行？想孩子善，家长不善能行？想孩子好，自己不好能成？

不修境界的家长，就是不合格的家长，就是失败的家长，就是害孩子于无形的家长。

一个人构成一个小宇宙，一个家庭构成一个小系统，无数家庭构成一个社会大系统。

作为社会大系统中的一员，个体的人的好坏，不仅关乎自身、关乎家庭，更关乎社会。一个人好的方面，对自身、家庭和社会的影响或许微不足道，但是不好的方面，对自己、家庭和社会的不良影响和危害却是严重而持久的。一粒老鼠屎就会坏掉一锅粥，一滴污水就能毁掉整桶的美酒。人类群体中的邪恶分子，总是最大可能地祸害群体和社会。他们存在一天，祸害就会延续一天，这就是邪恶之人的可怕之处。

因此，一个人从出生开始，父母就对他进行正善的教育和塑造是至关重要的。一个家庭培养了一个人才，必然惠及家庭、人群和社会；而培养了一个恶徒，必定殃及家庭，危害他人、群体和社会。

家庭作为社会的细胞，自身的优劣取决于家庭中每一个成员的好坏。任何一个家庭，只要出现一个邪恶分子，整个家庭就会深受其害，不得安生。家庭的希望和未来在子女，因此，子女的好坏，直接决定家庭的未来。而子女的好坏，并不取决于天命，而是取决于教育。因此，家庭教育的成功与失败，将直接决定家庭的兴衰成败。

家庭教育，是一个动态变化的系统工程，是重在潜移默化和榜样引领的示范教育，是动态流变过程中的成长式引领，属于过程教育而不是结果教育。忽视过程追求结果的家庭教育，是注定会出问题的，也是不可能收获好的结果的。

家庭教育的根在正和善，所有与家庭教育相关的思想、理论、方

理顺关系
追根溯源

第一章

法、措施都必须服从服务于正和善，片刻不能偏离。家庭教育只要偏离正和善，无论出于什么目的，也无论什么缘由，都是对家庭教育的损害，也自然是对孩子的伤害。无正不能教，无善不可育。家庭教育的系统，就是培养正善的系统，是对歪门邪道或邪恶的纠偏和改造的系统，绝不是主观、随性、情绪化、变化无常的系统。

抓住并持守家庭教育的根本，才能主导和控制整个系统，使孩子在正道德善方面扎根和发展，培养德才兼备的优秀下一代。

家庭教育系统的根只要扎牢，就如同一道坚不可摧的屏障，能够自觉抵制和消解各种消极、负面、歪门邪道，甚至邪恶的影响、作用和侵袭，使家庭教育始终走在正善的阳光大道上，成功是自然而然的事情。

主导和控制家庭教育系统正善之根的是家长而不是孩子，只有家长根基牢固，家庭教育的正善才能树立，否则，谈什么都是空话。

做家长不容易，因为必须且不得不承担教育子女的最困难最神圣的使命和责任；家庭教育又是最容易的，只要家长守住正善之根，强根固本，就能以不变应万变，轻松自如。

任何一个系统都有恒定不变的核心，这个核心就是系统变化发展的根本。一旦核心消失，系统必然陷于混乱，严重的则会自然解体。因此，家庭教育若想卓有成效，能且只能守住正善这一核心，守住了根本，再学习知识、才艺和技能，才能稳步推进，成功成就。一旦根本动摇或缺失，就必然会出现种种问题，遭遇重重困难。

家庭教育的
金钱观

金钱，作为人类经济活动的媒介，具有强大的交换流通功能，甚至可以用"万能"来形容。人只要活着，就离不开金钱，就不可避免地要与金钱打交道。拥有理性智慧的金钱观，是人安身立命的法宝。金钱观教育，是家庭教育中不可或缺、至关重要的一个方面。金钱观教育的好坏，甚至能左右并决定一个人的发展和未来走向。因此，忽视金钱观的家庭教育，不是完整科学的教育。

人的贪欲永无止境，欲望的满足必须通过金钱来实现，因此，贪得无厌的人，对金钱的贪求同样是没有止境的。金钱的万能性和稀缺性，决定了金钱必定易花难挣。人对欲望的无尽贪求和对金钱的无穷欲望，是一切痛苦、麻烦和祸患的总根源。

任何人，若想人生吉祥、快乐、幸福和圆满，就必须拥有理性智慧的金钱观。理性智慧的金钱观，源于以正善为根本的世界观、人生观和价值观的构建，源于对正当欲望的合理满足，对不正当欲望的克制和削弱以及对金钱的合理处置。因此，金钱观教育，是关乎一个人前途命运的综合系统工程。一个人如果养成了错误的金钱观，那么即便拥有再横溢的才华，再卓越的能力，再巨大的成功，也可能会在某一个瞬间被金钱所打倒，甚至被金钱所毁灭。

孩子的金钱观教育，是建立在正善基础之上的家庭系统化教育，是对孩子进行与家庭经济条件相匹配的正当金钱观的培养和塑造，并不是简单意义上对孩子零花钱或者金钱消费的管理和控制。

富家穷养是恰当的，富养是不合适的，因为谁也不能保证会一直富

理顺关系
追根溯源

——

第一章

一

裕；穷家中养是合理的，穷养和富养都是不理想的。世界上最可怕的人是穷人家的"富二代"，他们为了自我贪欲的满足，会不顾一切、不择手段地把父母的血汗钱榨光，甚至无底线、无止境地奴役父母而认为理所当然。父母辛苦一生把孩子养大，年老体衰却沦落为孩子的奴隶，情何以堪？

孩子错误的金钱观，害的不仅仅是自己，害的最彻底的一定是父母。因此，家长应当把有限的金钱用在刀刃上，用在孩子的健康成长和学习发展上，而不是用在吃喝玩乐或不务正业上。

家长对孩子的教育投资，原则上也要与自身的经济能力相匹配，绝不可用严重透支的方式来培养教育孩子，即用一个孩子可能存在的未来，来换取全家人无止境的困苦和压力，这是极端不可取的，更是遗患无穷的。数不清的事实证明：那些竭尽所能，通过严重透支来培养和教育孩子的家长，最终非但没有获得想要的结果，反而彻底地害了孩子，更害了全家人。因为对一个孩子的培养和教育，是一个复杂的系统工程，绝非只满足孩子的学费或日常生活开支那么简单。在孩子庞大的学费和日常生活开支之外，还有更加杂乱、更加庞大的花费相伴随。如果孩子只有学费和生活费，其他方面一无所有，孩子又缺乏正确的金钱观，那么他就会处于一种极度失衡的状态之中。心理极度失衡的孩子，能安心学习吗？能学好和成才吗？穷家子弟如果缺乏理性智慧的金钱观，迟早会在金钱方面出问题，这并不以人的意志为转移。

所以说，无论家长还是孩子，拥有理性智慧的金钱观，正当合理地处置有限的金钱，是家庭稳定和谐、幸福美满的法宝。

所谓家庭教育的死穴，是指亲子之间的沟通和互动，陷入消极冲突的死循环，互相折磨，互相伤害，痛苦煎熬而不能自拔。

在孩子生命的最初阶段，亲子之间总是亲密和谐，快乐幸福的，为什么随着孩子的不断成长，亲密无间的亲子关系会受到损害、破坏，甚至变成敌意对抗呢？大多就是家长对孩子意志强加过多，包办、替代、溺爱过度，干涉管束控制过严，导致孩子身心发展失衡，言谈举止变异，消极叛逆对抗的结果。

比如，家长为了纠正和改造孩子，会不由自主地紧盯孩子的缺点或问题不放，并采用全天候狂轰滥炸的形式，把自己的意志强加给孩子，以推动孩子的改变。孩子的缺点或问题，是属于冰冻三尺非一日之寒的存在，怎么可能瞬间或轻易就发生改变呢？让孩子更加抓狂的是，自己的缺点或问题，在自己还小的时候，父母根本不认为是缺点或问题；自己越长大，原来父母不认为是缺点的反而成了大缺点，不认为是问题的反而成了大问题。面对同样的问题，父母前后标准的差异，让孩子根本无法理解和接受，又怎么能容忍并配合父母对自己的纠正和改造呢？既然不容忍不配合，就必然有矛盾、有冲突、有对抗，亲子之间就自然而然地产生了沟通互动的死循环。

再比如，家长在孩子小的时候，以孩子小什么也不能做为借口，或者出于疼爱孩子的缘故，什么也不让孩子干，什么也不让孩子尝试和实践。在孩子逐渐长大后，家长开始不断要求孩子做这做那，之后又对孩子不放心，继续替代包办，导致孩子做也不是，不做也不是，做也不好，不做也不好，最终只能选择什么也不做。孩子越是什么也不做，父母就越强迫孩子必须做，最后必然引发亲子冲突，破坏亲子关系，陷入沟通互动的死循环。

家庭教育的死穴，是亲子之间一切矛盾、冲突、麻烦和问题的总根源。亲子之间，只要爱不能和谐流动，就必然导致爱的缺失；爱一旦缺失，亲子之间的温情就难以维持，冰冷、对抗和问题就会层出不穷，没有终点。

世间万物，唯有在初始阶段才易于控制和改变，一旦由弱变强，就会变得难于控制和改变，甚至根本不可能改变。孩子也一样，在孩子的毛病或问题萌发的初始阶段，家长第一时间予以纠正和指引，孩子的毛病或问题就很容易得到解决。而当孩子的毛病或问题已经形成，家长再想纠正或改变，就会变得异常困难，甚至根本就改变不了。

家庭教育的死穴如何破解呢？

（1）坚持家长率先改变原则。要想改变孩子，家长首先要改变。家长变，孩子自然跟着变；家长不变，孩子变也等于不变。家长的改变，要从一贯对孩子的行为模式方面着手，即原来意志强加的，慢慢不再意志强加；原来替代、包办、溺爱的，慢慢少替代、少包办、不溺爱；原来干涉、控制、管束的，慢慢少干涉、少控制、少管束。

（2）坚持修复亲子关系原则。父母和孩子的共同努力，可以找回久违的亲子之爱，让爱和谐流动，让彼此快乐幸福。父母用爱暖化孩子冰冷的心，可以让孩子打开心扉，自觉主动地寻求改变。

（3）坚持劳动实践原则。人类的善良和德行往往是通过劳动实践获得的，劳动实践是孩子强根固本、立德养善的核心。因此，劳动实践才是纠正孩子和改变孩子最高效、最有意义和价值的方法。

习惯培养的黄金程式

思想和行动，是人生命活动的核心和主宰。思想决定行动，行动反作用于思想。行动对思想的能动反作用，使人的学习和改变成为可能，是习惯培养的生理学依据。思想和行动相辅相成，通过强化、修正和完善，最终形成固着于潜意识的习惯，决定人的命运和未来。

人生而不同，不同的基因、不同的特质，决定了人的思想和行为各不相同。思想和行为的表现形式虽然各异，但其生理机制却相同，都是需要催生兴趣，兴趣催生思想，思想催生行动。一个人的核心兴趣，就是其生命系统的天赋表达，是最擅长、最持久、最能深入和成功成就的天赋才能所在。

根据马斯洛的需要层次理论，人的需要可分为生理需要、安全需要、爱和归属需要、尊重需要和自我实现需要五个逐级递进的层次。相同的需要，受到人相异特质的影响和作用，会催生各不相同的兴趣，进而呈现各不相同的思想和行为。因此，一个人的核心兴趣，是习惯培养最直接、最高效、最理想的抓手，以核心兴趣为中心的习惯养成模式，称为习惯培养的黄金程式。

在家庭教育中，家长对孩子习惯培养和塑造的黄金程式，可概括为如下五个步骤：

（1）以孩子的优势和特长为中心，对孩子进行科学、合理、全面的分析和评估，明确孩子的核心兴趣。

（2）根据孩子的特点和实际需要，确定理想的习惯作为培养目标并制订习惯培养实施计划。

理顺关系
追根溯源

——

第一章

一

（3）围绕孩子的核心兴趣，将目标习惯与核心兴趣相结合，对孩子进行有计划、有针对性的反复训练。

（4）重视、关注和肯定孩子在习惯培养过程中取得的成绩和进步，忽略和淡化各种消极负能量的因素或问题。

（5）用一个又一个小胜利，不断激发孩子对目标习惯的需要和兴趣，提高目标习惯行为的重复频次，直到内化入潜意识，成为自动自发的习惯为止。

人的潜意识记忆和习惯模式，只能忽略削弱，只能合理替代，不能强行直接根除。家长对孩子坏习惯的改造，能且只能通过忽略来削弱，并通过重新培养好习惯来替代。家长对孩子不良习惯施以任何形式的强制、强迫或强压式扭转，都无济于事，非但不利于不良习惯的改造，反而会令不良习惯更加根深蒂固，难以改变。

因此，对孩子不良习惯的改造，家长必须用综合系统的模式，用特定高效、积极正能量的方法，用兴趣和成功的手段，用理性智慧和规则规范来应对孩子的种种变数，坚持底线和原则，逐渐培养和造就孩子的自尊、自信、价值感和成就感，激发其内在稳定而持久的热情和动力。

没有教不好的孩子，只有不会教育的家长。

用兴趣固化行为，用行为塑造习惯，是家庭教育的万能钥匙、黄金法则。

自然之学，
不言之教　⑯

俗话说：有其父必有其子。模仿，是动物和人类共同的学习本能。孩子通过对家长一举一动、一言一行的模仿学习，于潜移默化中习得喜怒哀乐、衣食住行、迎来送往、生存发展的基本素质和能力。一般情况下，父母怎么对老人，孩子往往怎么对父母；父母怎么对孩子，孩子将来往往就怎么对自己的孩子；父母怎么对待亲朋好友和他人，孩子也会怎么对待亲朋好友和他人；父母怎么生活，孩子也会怎么生活；家长有问题，孩子难免有问题；家长有坏习惯，孩子难免有坏习惯；家长满口脏话，孩子很难文明礼貌……父母的综合特质往往决定孩子的综合特质，孩子的思维模式、语言风格、情绪态度、情感意志、性格气质、行为习惯等，绝大多数是从家长那直接或间接通过自然模仿习得的。

自然模仿式学习，属于自然之学；潜移默化式教育，属于不言之教。但凡不言的教诲，教的都是自己有的，是一贯坚持而少变的；但凡自然学习的，都是自觉主动学习的，都是能够坚持并反复的。不言之教和自然学习，都是自然而然、少刻意、少强求的，因此总是最理想、最高效、最持久的。

与自然之学和不言之教相反的，是刻意强求之学，刻意强求之教。但凡刻意教育，必然要以语言为工具，因此刻意强求之教，也属于有言之教。但凡家长用自己没有的东西教育孩子，或者自己做不好、做不了、欠缺的方面，却要求孩子必须做好，必须做完美，这也属于刻意强求式教育。强教乱教远不如不教，如同溺爱远不如没有爱一样。

刻意强求式教育，由于家长不能坚持或变化无常而流于形式；刻意

理顺关系
追根溯源

——

第一章

一

强求式学习，也由于不能坚持和反复无常而差强人意，最终不得不转向或放弃。

因此，最好的教育，是不言之教；最好的学习，是自然式学习。之所以会这样，就是因为人潜意识中的思维模式和行为习惯在主导和控制人的行为。人的理性和意识，通常无法战胜感性和习惯，就是因为人的真正主宰是潜意识，而不是意识和理性。

要想教育有效，就必须坚持、稳定和少变；要想学习有效，必须坚持和反复，因为只有这样才能触及潜意识，才能把知识和技能内化入潜意识，变成自己的东西，这才是真正的教和学。

本能，是自然界动物存在和发展的基本模式。受到自身肉体和能力的局限，动物要么适应自然而生存，要么不能适应自然而毁灭。

人类则不同，人类是物质进化的最高生命形式，有思想有智慧，有主观能动性，不仅能改造世界，还能创造世界。

人类是由动物进化发展而来的，因此，人类具有动物的本能。受到自身思想、智慧和能力的影响，人类会自然而然地把本能表现和发展到极致。因此，动物的欲望是有止境的，但人类的欲望却是无止境的。对于一个贪得无厌、欲壑难填的人而言，哪怕整个世界都属于他，他也不会满足。人类的本能欲望必须受到控制和弱化，否则人类就会成为毁灭一切的恶魔。所以说，人类的文明史，就是人类对自身本能欲望的控制和弱化，对伦理道德、文化传统、风俗习惯等发展强化的历史。

人类经历几千万年的进化发展，具备了非常完备的本能。人的本能天生就有，而道德文化则必须经过后天学习才能获得。因此，家庭教育、学校教育和社会教育的根本任务，就是对孩子本能欲望的控制弱化和道德文化的塑造。

每一个人，在幼年期都是依赖本能成长发育的。对本能欲望的满足，是孩子的天性。如果对孩子本能欲望的满足不及时控制和弱化，那么孩子会受到天性的驱使，第一时间强化和发展本能欲望，并使之成为习惯性的生存方式。社会资源的有限性和人类欲望的无限性，决定了人类社会根本不可能允许任何一个个体对有限资源的无止境占有。因此，只依本能欲望而生存的人，是注定要受到控制、打击、挫败和抛弃的。

家庭教育的失败，往往是对孩子本能欲望控制和弱化的失败，或者是对孩子道德文化塑造的失败。家庭教育的成功，一定是家长遵循自然规律和伦理道德规范，用文明和文化控制和弱化孩子的本能欲望，塑造并发展孩子的道德品质、文化修养和智慧能力的结果。教育的成功，往往有章可循；教育的失败，则总是五花八门。因此，家庭教育并不是人人都能胜任的。本能、感性、随性、情绪化甚至邪恶的教育方式，是孩子的灾难；爱、理性、智慧、正善和成长式的教育，才是孩子的福气。

　　家长的理性、智慧、正善和爱并不是天生就有的，而是后天习得的。因此，家庭教育与其说是孩子的教育和提升，不如说是家长自身的学习和完善。

　　家庭教育重在孩子根基和良好习惯的培养塑造，家长对孩子潜移默化的引领教育，往往起决定作用。因此，理性、智慧、正善和知行合一的家长，往往能培养出理想的孩子；而感性、情绪化、言行不一甚至邪恶的家长，很难培养出理想的孩子。

太阳系有一个中心，即太阳的重力中心点；地球有一个中心，即地球的重力中心点；国家有一个中心，即国家元首；团队或集体有一个中心，即团队或集体的实际控制人；家庭有一个中心，即家庭的实际主导者。

任何事物都有一个中心，有中心才有秩序，有秩序才能稳定；任何事物都有一个主导，有主导才有方向，有主导才有发展，有主导才有未来。如果事物中心涣散，则必趋于混乱；主导缺失，则必趋于解体。

中心主导模式，是自然万物共同遵循的存在和发展模式。事物的中心，必须建构在正善的基础之上，以中心为核心的主导模式才能归于正善；如果中心不正或邪恶，则以中心为核心的主导模式，会自然而然地趋于不正或邪恶。

家庭是社会的单元，是个体的核心，是精神的归宿，是文化模式的传承，中心主导模式是家庭稳定的基础和前提。如果一个家庭存在多个相互独立的主导中心，那么必然导致家庭陷入混乱无序状态，各种矛盾和纷争将层出不穷，永无宁日。

作为家庭的中心主导者，将直接影响和决定一个家庭的互动模式和走向。主导者正善，家庭成员才会趋向正善，才能将家庭带入积极、健康、正能量的模式和方向；主导者不正或邪恶，家庭成员就会不可避免地趋向于不正或邪恶，也会自然而然地将家庭引入问题、消极和负能量的模式和方向。家庭的互动模式和方向是会代代传承的，因此，并不是谁都可以当家做主的。正善的人当家做主，是家庭的福祉；不正或邪恶的人当家做主，是家庭的灾难。

家庭教育，必须也必然遵循中心主导原则。家庭的实际主导者，决定着家庭教育的走向：主导者正善，则家庭教育趋向于正善；主导者不正或邪恶，则家庭教育也趋向于不正或邪恶。因此，家长的正善，是孩子的福祉；家长的不正或邪恶，是孩子的灾难。

家庭是爱的港湾，是幸福和谐的居所，不是争权夺利的场所。如果一个家庭中心不明，孩子的父母各不相让，争着当家做主，那么整个家庭必然缺乏秩序，处处充满火药味，混乱而不能和谐。爱、幸福、和谐与正善，是家庭教育的根基，是孩子全面健康成长发展的法宝。如果根基不稳，法宝丢失，那么家庭教育必然问题重重，麻烦不断。

家庭教育是育人树人的伟大事业，神圣不容亵渎。家庭教育的中心主导模式，更加不能主观破坏和肆意妄为，否则，后果不堪设想。

家庭教育，不是赢在方法，而是赢在正善。

家庭关系对孩子心理 和品性发展的影响

家庭关系，是指以爷爷奶奶、爸爸妈妈和孩子组成的核心家庭中各成员之间的相互关系。家庭关系有以积极正能量为主导的正性关系和以消极负能量为主导的负性关系之分。正性关系中各成员之间相互理解，相互支持，相互包容，相互信任，相互尊重，快乐而幸福；负性关系中各成员之间互相隔阂，相互拆台，互不相容，互不尊重，互不信任，失衡失和，痛苦不幸福。家庭关系对孩子心理和品性的影响不容忽视。正性家庭关系对孩子的心理和品性发展起积极助益作用，负性家庭关系则起消极损害作用。因此，正性家庭关系往往塑造心理健康、人格健全、品性优良的孩子；负性家庭关系则塑造心理不健康、人格不健全、品性有问题的孩子。

家庭教育中，有一个很有意思的现象，即父母最为讨厌对方的不良习性，往往会在孩子身上表现得最为彻底。

为什么会出现这样奇怪的现象呢？

孩子具有觉察、捕捉和感应父母潜意识的本能，并通过微笑、啼哭、玩闹等方式，吸引父母的注意，赢得父母的欢心，获得父母的陪伴和养护。孩子最深切的恐惧，就是父母的矛盾、冲突和离异。父亲或母亲最为讨厌对方的不良特质，属于负性的家庭关系。但凡负性的家庭关系，都是以指责、否定、矛盾冲突、破坏伤害等为特征的，因此必然破坏家庭团结，损害双方的身心健康。负性家庭关系总是以问题开始，并以问题结束，反复纠缠，无休无止，导致家无宁日，人无静时。在这样动荡不安的负性家庭关系模式中，孩子作为最柔弱无助者，自然是受伤害最为严重和彻底的。为什么呢？因为亲生父母是孩子生命及安全的保障和寄托，父母不和、离异或丧失，就意味着生命安全没有保障。在生命本能的强烈恐惧推动下，孩子会优先发展并建立能促进父母团结和合的特质，以使自己的生命安全有所保障，有所寄托。然而，孩子毕竟是弱小无助的，面对父母之间不可调和的矛盾冲突，只能通过自己特有的最能吸引并转移父母注意力的方式，激发并唤醒父母爱的本能，以达到缓和矛盾和冲突的目的，这是一种典型的家庭矛盾和问题的转移。父亲或母亲身上令对方最为讨厌的不良习性，通过潜移默化，会被孩子轻松习得并运用。当孩子用其他方式并不能吸引父母注意时，就会自然而然地采用习得的不良习性，来成功获取父母的关注。孩子一旦通过习得的不良习性获得成功，就会本能地反复运用，使父亲或母亲身上的不良习性因不断强化而得到传承和发展。人的不良习性损害心理和品性，因而但凡习得不良习性的孩子，几乎都是有心理或人格问题的孩子。

孩子心理、品性的塑造和养成，与家庭各成员之间的关系，父母之间的沟通互动模式、和谐幸福度、双方或单方心理或人格特质，父母对孩子最深切的期望和现实的言行直接相关。孩子和父母之间，总是存在奇妙而又不可思议的因果延续或传承。

比如，父母最希望要个女孩，却偏偏生了个男孩，由于总把男孩当女孩来养，男孩也会优先发展女孩特质，变成"假丫头"；相反，如果父母最希望要个男孩，却偏偏生了个女孩，由于总把女孩当男孩来养，女孩也会优先发展男孩特质，变成"假小子"。父母对孩子的深切期望需要与言行保持一致，否则必定适得其反。

温暖、和谐、安全和幸福完整的家，是孩子成长的天堂；相反，就是孩子成长的地狱。在天堂中长大的孩子，才可能成为天使；在地狱中长大的孩子，不成魔鬼也会成邪恶分子。孩子成为天使，家庭才有未来和希望；孩子一旦成为魔鬼或邪恶分子，那么一定会反作用于父母及家庭，其后果是让人无法承受的。

人的心理或品性一旦成型，就具有极强的稳定性，有的甚至会伴随人的一生。因此，负性家庭关系对孩子心理或品性造成的伤害和影响，不但会让孩子终身受害，甚至会殃及子孙后代，这也是人心理、人格或品性问题的严重和可怕之处。

解决孩子的心理或品性问题，要从问题的源头，即负性家庭关系的修复和正性家庭关系的正常化开始。根治孩子的心理或品性问题，需要用积极正能量来滋养，需要用正善来调适。任何人，只要身心和谐之光一升，内外和谐之光一现，一切心理或品性问题都会烟消云散，生命就会自然而然充满积极健康的和谐之光。

⑳ 婚姻
与家教

婚姻是家庭的纽带，婚姻和，则家庭和；家庭和，则家教通。相反，婚姻不和，则家庭不和；家庭不和，家教必定危机四伏。因此，稳定和谐的婚姻关系，是家庭教育的基础和保障。

孩子，是父母婚姻与爱情的结晶。作为父母灵与肉的结合体，孩子的天赋本能就是要求父母和谐与共，不能分离。父母和，孩子灵魂才能稳；父母不和，孩子必定心惊肉跳，身体和精神都会出现问题。每个孩子，都希望父母永远在一起，永远开心快乐。没有一个孩子能接受父母的离异和争吵，更无法理解和容忍父母对他的失爱和抛弃。

孩子身体和精神稳定，家庭教育才能按部就班地推进和拓展；孩子身心不稳，心惊肉跳，那么无论家长怎么教育，结果都差强人意。父亲是孩子的天，母亲是孩子的地。为人父母者，婚姻和谐稳固，家庭和谐幸福，孩子才能天清地宁，健康成长，灵动蓬勃。父母不和，孩子必然天塌地陷，魂不守舍，连健康成长都不能保证，还谈什么家庭教育呢？父母不能给孩子稳定、和谐、幸福、安全的家，父母生孩子干什么？是折磨他吗？是残害他吗？孩子身心倍受父母矛盾冲突的折磨和残害，父母还想要孩子健康成长、出人头地，岂不是贻笑大方？所以说，好的家庭教育，必然源于好的婚姻，源于稳定、和谐、幸福的家庭。

如果婚姻问题重重，家庭冲突不断，那么孩子不出问题是偶然，出问题是必然。孩子的问题，绝大多数源自父母关系恶劣，家庭失和不安。

父母对孩子生而不养，等同于抛弃；生而不爱，等同于抛弃；养而恐吓，等同于抛弃。

孩子是无辜的，哪个孩子都不能成为家庭矛盾、问题或仇恨的替罪羊。因为这对孩子的伤害是长期而持久的，是孩子无法克服和排解的，也是对孩子极端不公平的。

在中国古代，人们认为婚姻是"合两姓之好，上以事宗庙，而下以继后世"。所以，婚姻的主要目的是广家族、繁子孙，同时维护并提高家族名望及地位。因此，婚姻并不仅仅是夫妻两个人的事情，而是一个家庭、一个家族的事情，是关乎家庭幸福、家族壮大、子孙繁盛的重大事情。婚姻具有奉献和牺牲的本质，怎么能够随意情绪化呢？婚姻出现问题，不光自己痛苦，孩子更加受到影响和伤害。

家长若要孩子好，就一定要经营好自己的婚姻和家庭。上梁不正下梁歪，上行下效，是亘古不变的规律。万万不可自己出了问题却怪这怨那，如此不但没有用处，而且是不负责任的行为。

用好的婚姻与和谐幸福的家庭为家庭教育保驾护航，家庭教育才能走好走远！

（21） 情绪管理
与家庭教育

情绪，是指人的感情反应过程，是多种思想、感觉、体验和行为综合产生的心理和生理状态。

人的情绪有积极情绪和消极情绪两大类。

积极情绪，比如快乐、阳光、健康、稳定、理性、智慧、成功等，都是以真、善、美为核心的，它无论对本人还是对他人，都是积极有益的，具有感染性，能更好地促进自己和他人的成长，具有非常强的建设性。

消极情绪，比如痛苦、压抑、阴暗、焦虑、恐惧、抑郁、紧张、失败、不安等，都是以阴暗、负面、邪恶为核心的，它无论对自己还是对他人，都是消极有害的，具有极强的传染性和传递性，能更恶劣地对自己和他人的方方面面产生阻碍和破坏，具有极强的破坏性。"踢猫效应"，就最能说明人消极负面情绪的传染性、破坏性和恶劣性。

对情绪的有效管控和运用，称为情绪管理。七情六欲是人生而具有的本能，人人都有情绪，因此，情绪管理是每个人的人生必修课。

家庭教育重在建设而不是损害，父母对自己情绪管理的好坏，将直接决定家庭教育的成败。因此，家庭教育的前提，是父母要管理并保持积极情绪。

人的消极情绪，是极具破坏性的负能量，不但伤人，也会害己；不但会传染，也会引发更加消极的情绪反应和对抗。

俗话说：冲动是魔鬼。人的情绪一旦失控，就会变成野兽或魔鬼，导致矛盾或冲突升级，无论言语上还是行为上，都会伤人害己，招致无法挽回的恶果。在家庭教育中，家长一旦情绪失控，魔鬼附身，再好的教育方法，再理想的教育成果，都会瞬间被破坏殆尽。对人万般好，一朝魔鬼附身，万般好变成千般恶，而且伤害一旦发生，就极难平复。孩子的毛病和问题，大多来自家长情绪失控等消极情绪的伤害。家长的消极情绪还会通过潜移默化，被孩子轻易习得，并能通过代际传承影响子孙后代。因此，家长解决不了消极情绪问题，就没有所谓家庭教育。

好的情绪需要保持和发展，不良的情绪需要削弱和抑制，这是情绪管理的基本功。管理好情绪，人才会有理性和智慧，有了理性和智慧，才能正确有效地施教。因此，在家庭教育中，家长的核心情绪是以冷静、理性、稳定、智慧为主导的积极情绪，这对于孩子全方位的教育、影响和塑造，都具有重大而深远的意义。

重视情绪管理，就是重视家庭教育；轻视情绪管理，就是祸害家庭教育。

㉒ 规则
教育

　　篮球没有规则打不成，足球没有规则踢不成，交通没有规则会混乱无序，国家没有规则就会国不成国。规则，是人安全的保障，是秩序和稳定的前提，是成长的根基，是文明文化的源泉。

　　文明和文化，核心在正善，体现在规则。人之所以为人，就在于人类有文明，有文化，有规则。家庭教育的核心是正善，因此家庭教育的根基体现在规则教育。

　　没有规矩不成方圆，人的内方外圆，就体现在对规则的遵守和奉行。因此，家庭教育，就是以正善为根本，以安全、传统、风俗、伦理、道德为标杆的规则教育。没有规则，就没有教育。

　　规则一定要是理性的、客观的、立足长远的、普适的和稳定的，事无巨细、变化无常的规则不是规则，是一种随心所欲的人为设限，因而也不属于教育，而属于胡闹和胡来。

　　规则教育，首先要求教育者必须严格遵守规则并身体力行，做遵守规则的模范。如果家长视规则如儿戏，却让孩子严格遵守，是没有道理的，也是会适得其反的。很多孩子的规则意识淡薄，就是源于家长遵守规则的榜样不立、规矩过多过烂或者变化无常。家长不守规矩的教育，也等同于没有教育。

　　确保规则的神圣性，对规则保持敬畏心，才能真正把规则落到实处。随心所欲不是教育，不良邪恶也不是教育，统统都是祸害。

　　为了让孩子从小养成遵守规则的习惯，提高规则意识和自主管理能力，家长务必遵守如下原则：

（1）规则之内自由，规则之外不自由原则。孩子在规则之内，应给予足够的自由和自主，违反规则，就要严格管控，不给任何可乘之机。

（2）适度挑战原则。即制订让孩子能够独立轻松自主实施并执行的规则教育计划，给予孩子足够的自由空间和选择权利，让孩子能够在计划之内轻松完成既定任务。同时，根据孩子的成长特点，不断地向孩子提出挑战，在避免孩子心生挫败的前提下，尽可能用规则来约束孩子的成长。这样，孩子就能够在计划任务的操作和完成中获得成长鼓励，获得快乐和成就感。

（3）快乐原则。给孩子定规则的目的，就是要让孩子不停地从规则中得到快乐。只有易于完成，才会乐于接受和执行，从而领悟规则的好处，获得最佳的成长经验。如果家长给孩子定的规则难度比较大，不容易完成，或者说根本没办法完成，那么孩子就会因为完成不了任务而产生挫败感，更会因得不到家长的赞同而心生厌烦。时间一长，孩子就会因为无力完成而本能地引发反抗，开始逃避规则，讨厌规则。

（4）坚守不变原则。家长制定规则之后，无论规则是对是错，都必须坚持和执行，绝不可轻易改变。只有这样，孩子才会适应和顺从管理，慢慢走上正轨。

㉓ 暴力 的传承

　　暴力，无论是以语言、情绪、情感、态度为主的冷暴力，还是以武力强压为主的热暴力，都具有极强的感染性。施暴者渐渐会养成习惯，受暴者慢慢会学会并传承。

　　暴力属于消极邪恶的行为模式，暴力行为的后果，绝对不会是正和善，而是更加严重的消极和邪恶。

　　孩子是弱小脆弱的，最惧怕暴力相加。因为既然称为暴力，就一定极端和过度，也必然不是伤孩子的身，就是伤孩子的心和神。一株幼苗遭受暴力伤害之后就会留下永久的创伤，孩子身、心、神受暴力损害又如何能够修复如初呢？家庭暴力具有代际传承规律，上一辈的暴力行为模式，会在下一辈，乃至下下一辈身上反复重复。孩子的模仿和学习能力是极强的，父母的暴力行为，会轻而易举地被习得并传承，当自己成家立业之后，这种暴力模式就会再度重演，这也是家庭模式的强迫性重复。

　　暴力型家教，只能收获消极和叛逆，收获暴力和邪恶。暴力教育，有百害而难有一利，很难收获正善的果实。

　　孩子是父母的影子，父母是孩子的镜子。若要改变孩子，首先要改变家长。

　　家庭教育必须杜绝暴力，持守正善，迎接阳光雨露。

代际 传承 （24）

有人说："父母是原件，孩子是复印件。"这话虽然有点绝对，但是在父母长期潜移默化的影响和熏陶下，孩子在整个生命历程中，总是会沿袭父母的某些习惯或模式。在孩子身上，总是或多或少地呈现父母的影子，这就是代际传承。

遗传基因的传承自不用说，父母的言谈举止、情绪态度、兴趣爱好、饮食习惯、生活休闲模式、行为习惯、人际关系模式、家庭关系模式、教育子女的方法模式等，都会或多或少地在孩子身上得到传承。

为人父母者，不管是好是坏，愿意还是不愿意，总是在毫不知情的情况下，沿袭父母管教自己的方式来管教孩子，也总是不自觉地成了父亲、母亲或监护人的样子，这就是家庭教育模式的代际传承。

父母好的方面孩子往往学不好、学不会，父母不好的方面，孩子不学就会。通常情况下，父母积极正能量的、好的习惯或模式，孩子习得并传承得肤浅而又稀少；而父母消极负能量的、不良的习惯或模式，孩子习得并传承得深刻而又普遍，甚至会青出于蓝而胜于蓝。因此，父母要想孩子好，自己首先要学好向善，在这一方面，父母根本没有选择。

人，总是学坏容易学好难。学好要三年，学坏只要三天，所以家长才要对孩子进行强根固本的德行和好习惯的养成教育。家庭教育好，孩子一生平安、快乐、幸福和成功，同时令父母快乐、幸福和圆满；家庭教育失败，孩子一生痛苦、不幸和失败，同时会令父母痛苦、不幸和失败。

父母正善，如果疏于管理，教育不当，孩子极有可能学坏变邪；父

理顺关系 追根溯源

——

第一章

一

055

母邪恶，孩子想学好向善也困难。父母优秀，孩子未必优秀；父母平凡普通，只要严格管理，教育有方，孩子照样成人成才。

孩子是父母的一面镜子，通过孩子，父母可以第一时间发现自己的问题和不足。养育孩子的过程，是父母学习、修炼、提升和完善的过程，是父母用好的习惯或模式培养和熏陶孩子的过程，是确保代际传承优良发展的过程，自然也是家风家训传承和发展的过程。

父母不学习、不改变、不学好向善，子孙后代繁荣昌盛、延续发展的可能性很小，往往用不了几代就难以为继，严重的在第二代就彻底败亡。

家庭是孩子的第一所学校，父母是孩子的第一任老师，一个好父亲胜过一百个好校长，一个好母亲胜过一百个好老师。父母，应当是孩子的良师、参谋和好榜样；应该和孩子一起学习，一起成长，共同缔造优良基因的代际传承。

焦虑的
传递

人的情绪、情感和行为，具有传递和感染功能。正善传递正善，邪恶感染邪恶。焦虑是一种消极负能量的情绪情感，焦虑也必然传递和感染焦虑。

家长和孩子具有灵与肉的连接关系，彼此之间的传递和感染，自然更加畅通无阻，无所不在。

家长对孩子任何形式的焦虑，都会通过有意或无意、有形或无形的方式，毫无保留地传递给孩子。避免焦虑传递的唯一方法，就是家长对孩子没有焦虑，即便有，也要通过自我修炼将焦虑消解于无形。

最为顽固和难解的，是家长对自己的焦虑不自知，或者知道但认为理所当然，没有什么不好。当家长对孩子的焦虑变成一种习惯模式，孩子的噩梦就不请自来了。孩子的诸多麻烦和问题，都是来自父母无厘头的焦虑。孩子不可能不在意父母的情绪、情感反应和行为，而孩子越关注父母的一举一动、一言一行，父母焦虑的传递和感染就越完全，孩子受父母的影响和干扰就越严重、越彻底。

家长对孩子的焦虑，通常来自孩子的缺点、问题和不足，而孩子因为自身的缺点、问题和不足已经备受折磨，如果再加上来自父母的焦虑，孩子将更加难以承受和自持。

每一个焦虑孩子的背后，必然有一个更加焦虑的父母。

如果家长确实想要影响孩子，那么就向孩子传递以正善为核心的积极正能量，只有这样才能使孩子减轻和消解来自缺点、问题和不足的压力，在正善的阳光雨露滋润下快乐健康地成长。

家庭教育是正善的传递，是积极正能量的感染。任何邪恶和消极负能量的存在，都会损害家庭教育的本真，因此也一定会出现麻烦和问题。

　　家庭教育是塑人教育，功在当代，利在千秋，如何能不慎重呢？

积极坚持 的力量 （26）

在现在这个多元化的时代里，你能做的，别人同样能做，而且可能比你做得更好更成功；你拥有的，别人同样拥有，而且可能比你拥有得更好更多；一个人真正能够让人信服和尊敬的，是能做别人做不到的事，拥有别人无法拥有的才能，这是立身成事的根本。

一个人的优秀和卓越从何而来？不是天生就有，也不是"等、要、靠"得来的，而是靠自己长期积极坚持奋斗而来的。

人的坚持，有积极和消极之分。积极的坚持，越坚持越正善美好；消极的坚持，越坚持越邪恶丑陋。但凡违背人性、违背人伦道德、违背社会规则规范、违反客观规律的坚持，都属于消极的坚持，是一条道走到黑的无谓坚持，是必定失败和自我毁灭的坚持，是人人必须极力避免的坚持，同样是极端可怕的坚持。

世界上最可怕的人，是那些咬定青山不放松的人。滴水可以穿石，铁棒可以磨成针，聚焦的阳光能够点燃可燃物等，这些都是积极坚持的神奇力量。积极坚持，能攻破一切，能改变世界。

一个人真正的能力，是积极正能量的坚持。认准一个目标，用毕生的时间和精力，坚持做、反复做，如此，奇迹和成功自然随之而来。

人类最伟大的力量，就是积极坚持的力量；人类最卓越的能力，就是积极坚持的能力。

任何一个身体和智力正常的人，只要具有积极坚持的习惯和能力，凡事想坚持、能坚持、会坚持，就必定能化腐朽为神奇，拥有超凡卓越的能力和成功。

积极坚持，是人类智慧的核心，是人类才能的根本，是人类成功的保障。

茫茫人海，滚滚红尘，纷繁复杂的世界，只有一种能力，能够战无不胜，所向披靡，这就是积极坚持的能力。

人积极坚持的能力，拥有世界上最强大的穿透力量和渗透力量，它能够看透一切表象，穿透重重迷雾，越过重重障碍，克服重重困难，直达事物的本质。

成功的最佳捷径，就是凡事抓住本质，按照客观规律办事。积极坚持，恰恰就是获得成功最佳捷径的唯一正确而强大的力量。

积极坚持，是人类最高的意志品质。培养和塑造一个人积极坚持的习惯和能力，就等于为他打开了取之不尽用之不竭的宝藏的大门，这才是使人生快乐、幸福、成功的不二法门。

正善、积极、理性和智慧，是积极坚持的四大法宝。

一个人只要拥有了积极坚持的力量，那么人世间的事都难不倒他，挡不住他，压不倒他，人人都会为他让路，整个世界都会因他而精彩。

家庭教育的重心，就是培养和塑造孩子积极坚持的习惯和能力。选择积极的坚持，放弃消极的坚持，这就是家庭教育铁的法则。

无论家长还是孩子，只要具备积极坚持的习惯和能力，就能迅速抓住家庭教育的重心，直指家庭教育的本质，从而自然能够按客观规律办事，把家庭教育引向科学、规范、正确的发展道路。

积极坚持，具有强大的穿透力和渗透力，能够穿透家庭教育的重重迷雾，冲破家庭教育的种种乱象、错误、失当和误区，迅速进行拨乱反正，并渗透到家庭教育的方方面面，使家庭教育始终处在正确成功的道路上。

积极坚持，是人人都能够受益终身的意志品质。每一个家长，都有责任和义务培养孩子积极坚持的习惯和能力，这不仅是对孩子负责、对自己负责、对家庭负责，也是对他人和社会负责。

如何培养和塑造孩子积极坚持的习惯和能力呢？

首先，家长要做积极坚持的表率，凡事要能坚持，会坚持，敢坚持。

其次，找出孩子积极正向的核心兴趣点，并以兴趣为中心，制订诸如读书、思考、写日记、每天制订计划并完成计划等习惯培养计划，由简入繁，由浅入深逐步实施，坚持练习。

再次，家长要善于给孩子制订能够带来快乐和成就感的小目标，让孩子在快乐和成功中获得坚持的动力，不断反复强化，习惯自然就会慢慢养成。

最后，家长要能够循序渐进，稳步推进，不断地增加坚持的难度和挑战性，让孩子真正体会到挑战成功的喜悦，积极坚持的习惯和能力就会不请自来。

当孩子养成了积极坚持的习惯之后，他的各方面都将发生翻天覆地的良性改变，改掉坏毛病和坏习惯将变得轻而易举，提高学习成绩也将手到擒来。

拯救孩子，改变和塑造孩子，唯一的切入点，就是积极坚持的培养与塑造！

㉗ 天才、神童与正教育

从古至今，天才或神童数不胜数，然而有大成的没有几个，为什么呢？不是因为不聪明了，而是因为心乱了，迷失了，聪明被欲望、名利或邪恶磨灭了。

所以说，人是天才或神童，并不代表一定能学好，一定能成人成才，一定能成功成就。对于天性聪灵的孩子来说，在他幼年成长经历过程中，接触最多、感悟最深、影响最大的方面或领域，往往会成为他毕生追求和奋斗的目标。因为他聪明，比别人学得快，学得多，领悟得更深更广，更容易深陷其中。比如一个自小在宗教氛围影响下天性聪灵的孩子，未来成为宗教专家或领袖的可能性就非常大；一个自幼在舞蹈、运动、书画、音乐、文化艺术等氛围影响下天性聪灵的孩子，未来在上述方面有所建树和发展是自然而然的事情；一个自幼在混乱邪恶氛围影响下天性聪灵的孩子，未来学坏的可能性会非常大。

聪明是把双刃剑，好坏全靠教育练。《易经》中讲："蒙以养正，圣功也。"人越是聪明，就越不容易教育，越不容易管理，越容易学坏，因而就越需要以正心、正念、正行为主导的成长环境的熏陶和正善的加持。

天才或神童如《伤仲永》文章中仲永一般没落，是教育的失败，是人生的失败，更是社会的损失和悲哀。

因此，天才或神童，教育引导得当，就会成为大才，成就大业；教育引导不好，才华就会被埋没，沦落为普通人，甚至沦落为害群之马。

成为天才或神童的父母或老师，并不是一件轻松和值得骄傲的事情，相反是一个战战兢兢、如临深渊、如履薄冰的责任和担当，因为稍有不慎，就可能毁掉天才或神童，沦落为扼杀天才或神童的罪人。

教育之于天才或神童，比普通人更加重要和神圣！家庭教育的核心是正善教育，因此，能否对天才或神童实施行之有效的正善教育，是天才或神童能否成人成才的核心指标。任何形式的邪恶和功利强加，都是对天才或神童的伤害和损毁，这是对天才或神童进行教育必须遵循的基本原则。

天才或神童有正善的强大根基，未来将不可限量。如果正善根基不牢或缺失，那么未来将前景暗淡。

一个在以正善为主导的环境和氛围中长大的孩子尚且容易学坏走邪路，更何况本身就处在混乱邪恶的环境和氛围之中的呢？

越是天才或神童，越需要正善教育！

春风化雨
润心田

春风化雨般潜移默化式的阳光教育，是家庭教育的秘诀和法宝。

爱出者爱返，福往者福来。爱总会感召爱，恨总会感召恨；好总会感召好，坏总会感召坏；善总会感召善，恶总会感召恶……生命就是一个相互感通、相互吸引的过程，没有心灵的感应和共鸣，何来教育和塑造？

从理论上讲，任何孩子都是容易管教的。只要家长能够冷静、理性、智慧，能够随时随地用积极、温和、快乐的态度模式，投其所好，那么无论多么难缠的孩子，都能轻松搞定。

相反，如果家长总是用消极的方式来对待和管教孩子，那么孩子会对家长进行本能的对抗和防御，孩子就是极难管教的。

因此，春风化雨式的阳光教育，需要爱，需要坚持，需要慢工，需要柔和，需要温暖，需要潜移默化；要求家长能够守正养善，能够理性智慧，能够少言多做，能够快乐和谐，能够积极关注，能够循序渐进，能够立足长远，能够抑邪制恶。

生命需要阳光，成长需要雨露，教育需要春天般的温暖，孩子需要正善的养护。

刹车效应与
家庭教育 ㉙

　　自行车、电动车、蒸汽机车、汽油机车、柴油机车、燃气机车等，都配备有稳定可靠的刹车系统。刹车系统的灵敏性和可靠性，是车辆的灵魂，是决定车辆有用或是废品的决定性指标。越是先进的车辆，越需要先进、灵敏、安全、可靠的刹车系统。因为作为车辆，都是以运动和速度为根本的。对于运动中的车辆，如果没有安全、灵敏、可靠的刹车系统，车辆就不是车辆，而是危险的代名词。安全、稳定、灵敏、可靠的刹车系统，是车辆存在的全部意义和价值所在。这种以刹车系统的安全、灵敏与可靠性，来保证车辆的安全性和使用价值的现象，称为刹车效应。

　　刹车效应，具有广泛而又普遍的适用性。

　　在日常生活中，但凡动力机器或运转设备，都必须配备灵敏而又可靠的制动装置，只有与制动装置密切结合，做到能动能停，机器设备才能为人所用，才能最大限度地发挥其价值和功用。

　　在生物界，刹车系统同样不可或缺。任何一种生物，无论高等还是低等，首先要拥有能行能停的自我控制能力，然后才能更好地生存和发展。

　　作为物质进化最高灵性存在的人类，刹车系统是人之所以为人的根本标志之一，是人的灵魂。从肉体层面讲，人的大脑及神经系统通过对身体的管理和控制，确保协调稳定，想动能动，想停能停，规范有序；从心理和精神层面讲，人的思想和精神支配控制人的大脑和神经系统，成为自身刹车系统的灵魂。人的刹车系统一旦出现故障或问题，身心系统就会混乱失控而偏离正常轨道，也就意味着人的生命安全失去保障，可能随时随地面临危险或遭受灭顶之灾。人，是天使还是魔鬼，不取决于他的长相，不取决于他的肢体构成，不取决于他身体的健康状况，更不取决于他的大脑及神经控制系统的灵敏可靠度，而是取决于他是否拥有完备可靠的刹车系统。人，只要刹车系统完好可靠，他能够该停则停，该止则止，行于正道而不偏离，他就是个天使；但只要刹车系统出现问题或丧失，就会因身心失常或异常而偏离正道，就会变成魔鬼。

人，依赖心理和理性对刹车系统的管理和控制是很困难的。人的刹车系统，只有变成潜意识，变成自动自发的习惯，才能超越意识和理性，自动自发地完成刹车动作，准确高效地应对复杂多变的外部世界。

教育，无论是家庭教育、学校教育，还是社会教育，都是以培养和塑造人正而合于规范的思维模式和行为习惯为立足点和出发点，构建安全、灵敏、可靠的刹车系统，以达到规范和教化人的目标。

俗话说：教子要趁早。人的天赋具有随时间和年龄的增长而逐渐弱化的趋势。对人的培养和教化，一定要从小开始。人越早接受教化效果会越好，成功的可能性越大。

家庭教育，就是对孩子正而合于规范的思维模式和行为习惯的启蒙和塑造，是对孩子刹车系统构建的关键性教育。一个刹车系统完备可靠的孩子，必定能够在正确而又规范的道路上安全顺利地成长和发展；而一个刹车系统不完备、不可靠的孩子，其成长和发展必然会偏离正道。家庭教育出现问题或失败，往往是孩子刹车系统构建出现问题导致的。

人的刹车系统，需要经受住各种各样现实的意外、无常等考验。家庭教育是人类最伟大最复杂的系统工程，是以正为根本，以善为核心，以文明文化为载体，以规则规范为律令的科学化、规范化、系统化的教化工程，来不得半点主观妄为、随意随性。那种随性、没有原则、变化不定、情绪化的家庭教育模式，必定会扰乱或破坏孩子的刹车系统，毁了孩子。

家庭教育
测试题

家长对孩子的爱，会爱才是真爱，不会爱就是伤害。家长对孩子的爱是否科学，家庭教育是否存在问题，通过回答下列问题便能得出结论：

（1）家长是否对别人没有礼貌，经常说粗话脏话？

（2）家长是否经常要求孩子去完成自己都做不到的事情？比如家长自己爱睡懒觉，却要求孩子按时起床；家长自己懒惰成性，却要求孩子勤劳能干；家长自己不讲文明没有礼貌，却要求孩子讲文明懂礼貌等。

（3）家长是否经常对孩子蛮不讲理？

（4）家长是否仗势欺人，用强权强力逼迫孩子听话或做事？

（5）家长是否总是把注意力集中在孩子的缺点和毛病上？

（6）家长是否总是事无巨细地干扰和控制孩子的一举一动、一言一行？

（7）家长是否把孩子当成宠物养或者当成自己的私有财产而武断随意处理孩子？

（8）家长是否无原则地溺爱、包庇、纵容孩子？

（9）家长是否因担心和害怕孩子吃苦，总是对孩子包办替代，从而剥夺孩子做力所能及的事情，剥夺孩子独立完成事务的权利？

（10）家长是否只关注孩子的学习成绩，而对孩子其他方面的坏习惯、坏毛病感觉无所谓？

（11）家长是否对孩子的不良习惯或毛病不管不问？

（12）家长是否因自己没能力管教孩子而任其发展，宁肯毁掉孩子

理顺关系
追根溯源

——

第一章

——

也不愿意向专家学者寻求解决之道？

（13）家长是否随心所欲，高兴时感觉孩子什么都好，不高兴时认为孩子哪都不好，情绪波动反复无常？

（14）家长是否总是用消极破坏性的思想、语言、情绪态度和行为对待孩子？

（15）家长对孩子的教育方法是否简单粗暴，习惯性地对孩子实施家庭暴力，无原则地打骂孩子？

（16）家长是否习惯性地拿自己孩子的缺点或不足与其他孩子的优点和长处相比较？

（17）家长是否对孩子只养不教，只顾自己享乐？

（18）家长是否总把教育孩子的责任推给老人、配偶、老师或其他人？

（19）家长是否总给孩子过多的物质满足和享受？

（20）家长是否忽视孩子的孝道、品德和做人教育？

（21）家长是否总是背后对别人说东道西，讲别人的坏话？

（22）家长是否经常把孩子当出气筒、替罪羊而无情地折磨孩子？

（23）家长是否经常让孩子去完成自己不能做，不愿意做，不敢做，占小便宜等影响不好的事情？

拨乱反正

辩证考量

爱与 功利 ①

亲子之爱，浑然天成，自然而然，正善而华光。

但凡功利，都是非自然的，因此，功利总是损害和破坏自然。

爱之自然，最禁不起功利的损害和破坏，以爱的名义求功利，总能让爱变形异化，使爱不再纯粹。

当爱异化为功利式流露和表达时，爱就完全变质，变成非自然的功利。

非自然之爱，不是真爱，而是有目的有企图的功利。当爱披上华丽的功利外衣时，爱的流露、表达和接受，都会失去本真，都会出现问题或障碍。

功利式的爱，使爱不再纯粹，不再自然，不再温暖，不再焕发正善的华光。

但凡亲子关系出现问题或障碍，都是以爱的名义追名逐利，导致爱的温情受损或破坏，爱的流露、表达和接受变质异化。

孩子正善品性的培养和塑造，是基于爱的温暖和华光，而绝非功利。功利损害和破坏自然之爱，必然损害和破坏品行的构建。过分追求功利，必然以牺牲或损害品行为代价。

当爱被功利所同化时，亲子之间爱的连接和流动就会出现问题和障碍，甚至直接导致连接中断。没有了爱的连接与互动，只有功利的追求和彰显，亲子关系将会变成名义上的亲子关系，和其他存在功利关系的人没有什么不同，甚至远不如外人亲密和温暖。

亲子之间血浓于水的亲情，决定了必然与外人不能等同。一旦亲子

第二章

关系沦落为常人关系，就必然会本能地渴求爱的回归。人缺少什么，才会彰显或追求什么。异化的爱，在流露和表达上都已经不再指向真爱，因此无论是渴求、祈求、寻求还是刻意强求，都不能随心所欲，如愿以偿。

爱既不能祈求，也不可强求。对于爱，越求越会远离，越求越难以得到。爱的连接的修通绝不能靠祈求，靠寻求，靠刻意强求，而是要靠正善的重塑，功利的退行和温暖的软化。只有去功利才能得正善，只有温暖才能融化坚冰。没有正善和温暖，就没有爱的流露和表达，就会使亲子之间的寒冰越结越厚，致使亲子之间渐行渐远，形同陌路。

爱不能冰冷，冰冷不是爱，而是惩罚和伤害。

亲子之间所有的麻烦和问题，都源于爱的连接的障碍或中断，罪魁祸首恰恰就是功利式的攀比和虚荣。不解决功利式的攀比和虚荣问题，想修通自然之爱，是根本办不到的事情。

鱼和熊掌不可兼得，如果确实要得，也要以爱为主，以功利为辅。人的生存虽然不能脱离功利，但是在孩子启蒙养正阶段切忌太功利，否则必然适得其反，舍本逐末，于孩子的人生和未来无益。

爱是化育，功利是谋求，二者不能混为一谈，更加不能用功利取代爱。

爱与 02 伤害

当今社会，越来越多的父母为孩子付出和奉献了一切，最终却把孩子培养成了寄生虫、超级巨婴。是父母不爱孩子吗？肯定不是，天下哪有不爱孩子的父母？是父母有意为之吗？当然也不是，天下哪有害孩子的父母？哪有不希望子女优秀和出息的父母？所有的父母都爱孩子，所有的父母都希望孩子好，可为什么还会出现背道而驰的结果呢？无他，皆因父母不懂爱，不会爱，不懂教育，不会教育。

爱是什么？爱首先是一种情感，其次是暖心和入心。爱不仅仅是物质生活层面的表达，更重要的是心理和精神层面的展现。爱是积极、正面、健康、阳光、温暖、快乐的，是"真、善、美"的，否则就不是真爱。

伤害是什么？伤害是指人的肉体、心理或精神受到损害。肉体上的伤害容易愈合，而心理和精神上的伤害却根深蒂固，难以消除。与爱相反，伤害是消极、负面、阴暗、冰冷、痛苦、压抑、悲观的，是"假、丑、恶"的。

真正的亲子之爱，是一种积极正能量的关爱，一种暖心的扶持，一种对正善的培养和维护，一种对邪恶的打压和克制，一种对自立和成长的培育，一种对依赖和堕落的消解，一种对长远和未来的关怀。亲子之爱，只有在积极、健康、阳光、正面、温暖、平和、快乐和奉献的氛围中，才能健康合理地流动，才能充分发挥爱的功能，实现爱的意义和价值。

爱需要智慧，需要能力，爱不能一厢情愿，不能主观妄为，更加不能控制或伤害。本能的生活上的关爱和物质上的满足，只是爱的一种表达方式，并不是爱的全部。没有精神融合的爱，就不是真爱。爱也不是溺爱，不是包办替代，更不是包庇和纵容。溺爱、包办、替代、包庇、纵容等亲子之爱，是一种偏爱，一种错爱，更是一种伤害。

中国家长习惯于在物质、金钱、生活上的照顾或理想环境条件的创造等方面来表达对孩子的爱，用包办替代、纵容包庇、无条件无原则的付出和奉献来显示爱的无私和伟大，而不习惯或少有意识给予孩子心理和精神上的温暖和关爱。中国家长所忽略或不在意的，恰恰是亲子之爱中最重要最具决定性的方面。

偏爱、错爱和溺爱是可怕的，更是致命的，其结果不但伤害了孩子，也伤害了自己，严重的不仅亲手毁掉孩子，也从根本上亲手毁掉自己的一生。这不是父母愿意不愿意、甘心不甘心、希望不希望的问题，而是必须为自己的错误买单，必须自己承担结果的问题。

爱是物质之爱和精神之爱的和谐平衡，不能偏废，更加不能缺失。任何一方面的失衡或缺失，都会使被爱对象在接受爱的同时，不可避免地遭受错爱的伤害。

家庭教育是真爱、正爱的流动，不是错爱、溺爱的泛滥和无所不用其极。真爱和正爱，是家庭教育的根本和核心。

爱孩子，就要
让孩子会生活

03

人活着就要生活，生活是人活着的过程。人活着容易，想活好不容易。活着是本能，活好是艺术，是能力。

人要想活好，就必须会生活。会生活，是指人能够科学有序有规律地生活，能够妥善面对和处置日常的衣食住行、七情六欲、人情世故等方方面面的事务和问题，使自身健康、快乐、成功、幸福，活出生命的意义和价值，活出自我的精彩。会生活，是人安身立命最基本的能力，也是活着的基础和保障。

人生在世，靠天靠地最终还要靠自己。父母是孩子生命中最可靠的依靠，但是父母终会老去。一个人一生中自己和自己相处，自己照顾自己的时间，必定占人生的绝大部分。

生活是一种理念，一种生存方式，一种习惯，习惯需要培养。会生活，就是拥有高质量生活的好习惯。没有质量，有害的生活方式不叫会生活。

生活是一种劳动实践能力，只有通过劳动实践的千锤百炼，将人生中各种困难、挫折、打击、痛苦、失败、焦虑、折磨等，变成生命的抗体，才能百毒不侵，学会生活。

人会生活，所依靠的是正善的品性和勤劳俭朴的好习惯。孩子的生活能力从何而来？从家庭中来，从模仿学习中来，从实践劳动中来。家长爱孩子，就一定要培养和塑造孩子正善的品性和勤劳俭朴的好习惯。

从这个意义上讲，家长以爱的名义过度地包办，就是强行剥夺孩子劳动实践的机会和平台，就等于剥夺孩子最基本的生存技能的培养和塑

辩证考量
拨乱反正

——

第二章

一

造，也就是变相地剥夺孩子独立生存和会生活的权利。

在孩子的劳动实践过程中，家长无意识地把自己的意志强加给孩子，或者对孩子的所作所为说三道四，使孩子感觉怎么也做不对，怎么也做不好，或者做也不是，不做也不是，这些都会直接挫伤孩子做事的勇气和信心，破坏孩子劳动实践能力的培养和塑造，从而使其丧失会生活的基本素质和能力。

让孩子会做事，能做事，会生活，能生活，才是家长对孩子真正意义上的爱！

放手让孩子远行，
才是对孩子最大的爱 ④

人都本能地追求得而害怕失，但凡所得之物，都会内化为生命的一部分。所得之物的失去，意味着生命的整体性受到损害。因此人总是乐于得到而害怕失去。孩子是父母的血脉传承，自然与父母的生命密不可分，因而父母总是习惯性地害怕放松和放手。

但凡属于生命整体性的存在，必然服从服务于生命的主导和控制，依附于生命整体而存在，根本不可能脱离生命而独立自主。所谓一山不容二虎，一个独立的生命个体，如何能容忍两个或多个独立的主导呢？因此，但凡依赖家长的孩子，大多缺乏独立自主的意识和能力，被家长抓紧抓牢的孩子，自然缺少独立自主的机会和平台，想完全脱离父母而独立，总是很困难的。

所有生物生育后代，都是为了让后代顶天立地、传宗接代。因此生物的本能，就是逼迫后代独立自主，自谋生路。虽然生物多是由于自身没有能力为后代谋福利不得已而为之，但却是生物通过亿万年进化发展最行之有效的延续传承模式。因此，放手让后代远行，是绝大多数生物爱孩子共同的选择。

人类为什么反其道而行之，喜欢对后代抓紧而不愿意放手呢？是因为人有思想，有意识，有主观能动性，有尽乎万能的创造物质财富的能力，能够轻而易举地给予孩子理想而又安全的保护和保障。

由于家长有条件有能力保护和照顾孩子，为孩子铺路架桥，为孩子扫除成长路上的各种困难和障碍，加之孩子又缺乏经验和能力，家长怎么能放心让自己的孩子独自承受困难和压力呢？爱孩子是家长的本能，

辩证考量
拨乱反正

第二章

一

抓紧孩子难于放手是自然而然的选择，是设身处地希望孩子好，焦虑恐惧心理外化的必然结果。

只要家长能通过自己的努力，让孩子拥有更好的成长环境，更丰富的物质保障，更好的教育，更好的机会和平台，家长都会不遗余力、竭尽所能地做好、做到位，除非家长无能为力，这就是家长对孩子最极致的爱的表达。

然而，家长为孩子所做的一切，真的是孩子所需要的吗？真的是对孩子最好的培养和教育吗？真的就能如家长所愿吗？

恰恰相反，家长为孩子做得越多越事无巨细，孩子依赖性就越强，独立性就越差。一旦离开家长，可能什么也做不好，做不了，也做不成，这就是家长不愿意放手，过度替代包办对孩子的祸害。

家长越放不开手，孩子就越不能独立成长和发展，或者说没有机会和条件去经历、成长和发展。在家长眼里，孩子永远是孩子，既然是孩子，怎么能离开父母的怀抱呢？离开父母的怀抱多危险啊，多让人担心啊！

人的潜能是无限的，孩子的未来具有无限的可能。而孩子的潜能和未来，都需要通过独立自主的经历和实践才能开发和创造，家长既不能替代，不能控制，不能左右，也不能传承。家长一厢情愿地为孩子铺路架桥，实际上是剥夺了孩子独立自主经历和实践的机会和平台，本质是在害孩子，而不是在爱孩子。家长为孩子做的越多，对孩子的成长和发展越不利，这并不以家长的意志为转移。

在孩子幼小的时候，家长给予孩子全面周到的保护和照顾是完全有必要的，这是孩子健康成长发展的前提和保障。但是，当孩子能够独立自主，需要独立自主，而家长却紧抓不放，继续替代包办时，对孩子就不是爱，而是自私和祸害了。

爱是一种对孩子独立的保障、发展的成全。当孩子能远行时，家长放手让孩子远行，才是对孩子最大的爱，毕竟孩子的未来需要依靠的是自己，而不是家长。

所谓朴素，就是简单、平凡、低调、淳朴；所谓奢华，就是富贵、豪华、高调、奢侈。

《道德经》讲："贵以贱为本，高以下为基。"事物的根本通常都是低贱、平凡、隐匿的，事物的表象才高贵、卓越和彰显。人们总是习惯于赞美花的美丽和果实的甜美，却几乎不去关心供养成就花和果实的根本，更少有人去赞美根的伟大。因此，注重奢华必然忽略根本，扎根朴素才能造就奢华。

家庭教育，是对孩子强根固本的塑造，不是对其开花结果的培养。因此，家庭教育属于根本的隐匿，不是表象的彰显，家庭教育宜朴素不宜奢华。

《弟子规》讲："首孝悌，次谨信，泛爱众，而亲仁，有余力，则学文。"其中孝悌、谨信、泛爱众、亲仁等，都属于强根固本的朴素教育，只有排在最末位的学文，才是开花结果的奢华教育。也就是说，孩子只有在根强本固的基础上，有多余的时间和精力，才能学文，即学习各种知识、技能和技艺，让自己在根深叶茂的基础上，开花结果，成人成才，成功成就。

《易经》中也讲："蒙以养正，圣功也。"养正，就是强根固本的朴素教育，这是圣人的成功之路，也是为人父母的功德。

有钱有能有权有势的家长，在自己孩子生命的最初阶段，就无条件地为孩子提供奢侈的吃穿用度，让孩子接受最好的教育，这是在干什么？是在教会孩子纵欲享乐，是在教会孩子丢根弃本，是在教会孩子提早开花结果，这无异于拔苗助长，结果不言自明。家庭教育的失败，多是源于根本的缺失；孩子出现的种种问题，多是源于表象的迷失混乱。

更为可怕的是，那些平凡普通的家长，为了虚荣心的满足，一厢情愿地攀比就高，超出自己能力极限去为孩子创造各种高大上的环境条件，其结果是不仅苦了自己，更加害了孩子。穷人家的孩子习惯性地享有与自身经济条件不能匹配的优厚待遇和享乐，必然会很快因无以为继而大厦崩塌。

令人揪心的现实是，穷人对自己的孩子都不能坚持朴素教育，更何况是富人呢？当家庭教育普遍丢根弃本时，祖国的花朵还能开得鲜艳，结出硕果吗？

成功的家庭教育为什么稀少？不是因为孩子不争气，而是因为家长不能对孩子始终如一地坚持养正教育，坚持强根固本教育，坚持朴素教育，总是一厢情愿地对孩子实施奢华教育。

理性智慧的家长，都毫无例外地选择强根固本的朴素教育，放弃丢根弃本的奢华教育，这才是塑德育才，长生久视的家庭教育之道。

家庭教育的复古 ⑥ 与超前冒进

　　所谓复古，是指家庭教育过分迷信和尊崇古人的思想言论，一切以古人意志为转移；所谓超前冒进，是指家庭教育否定古人，忽略传统，一切以现代思想、理论和方法为转移，盲目冒进。

　　家庭教育的复古，是对现代家庭教育和社会存在的怀疑和某种程度的否定，是时代思想和精神的倒退，是对社会存在和现行家庭教育的客观性和特殊性的忽视。与复古相反，家庭教育超前冒进，是对古圣先贤思想智慧的否定，是对现代思想智慧的批判。

　　任何有价值的思想言论，都不是凭空而来的，都是建构在现实的人、事、物、社会和环境基础之上的，古圣先贤也不例外。古人的思想言论，受到所属时代政治、经济、物质、文化、科技等诸多因素的影响和制约，必定留下了深深的时代烙印，根本不可能完全适用于现代。而产生于现代的思想言论，同样也深深地印刻着时代的烙印。随着社会的发展、科技的进步、文明文化的发展，即便是现代的思想言论，也远远不能适应时代发展的需要。任何有价值的思想言论，既有时代的局限性，又有超越时代的普适性，根本不可能万能通用，包打天下。所以说，无论复古还是超前冒进，都属于极端偏执，都是弊大于利，害大于益。

　　家庭教育，是树人教育，是百年大计，是伟大工程。随着社会的进步、人类的发展和时代的变迁，家庭教育也必然始终处于动态发展流变进程之中，根本不可能存在恒定不变、万能通用的家庭教育思想、理论和模式。因此，无论古代还是现代的家庭教育思想、理论和方法，都有其致命的缺陷，也有其独特的优势。家庭教育不论固执于哪一方面，都是不完整的，也都是难以成功的。

　　真正的家庭教育，既要充分融合与时俱进的教育思想、理论和方法，又要充分吸收借鉴古人思想智慧的精华，抛弃不合时宜的糟粕；既有继承又有发展，既能承前，又能启后。这样才能使家庭教育趋利避害，高枕无忧，成功成就。

家庭教育的
经营与放任

（07）

路无人走就会荒废，田无人种就会荒芜，屋无人住就会残破，车无人用就会报废，人无人管就会散漫。万事万物都有自身存在和发展的规律，不可能总是朝向人类的意愿发展变化。任何事物，只要对之置之不理或任其发展，结果通常都会不尽如人意，只有通过长期不间断的经营和打理，事物才会朝向有利于人的方面存在和发展。

孩子如同一株幼苗，家长如何经营打理，孩子就如何成长发展。家长如果放任不管，孩子就会自由成长和发展，孩子未来的好与坏，就只能靠天意。

在现实生活中，几乎所有的家长都会竭尽所能地经营打理孩子的教育，也都不同程度地存在对孩子某方面的纵容放任。家庭教育重在培根塑本，而不是显才露艺，彰能弄巧。放任根本，经营枝末，越俎代庖，是家庭教育普遍存在的现象。家长对孩子无条件无原则的替代、包办、纵容或溺爱，对孩子任何形式的非正甚至邪恶的放任，都是对家庭教育的不当经营。放任不该放任的，经营不应经营的，家庭教育必然要偏离正道，误入歧途。

家庭教育的根本，是家长对正善的经营，是对孩子行为习惯、素质修养和德行的塑造。功利教育，就是典型的舍本逐末式教育，但总是有无数家长前仆后继，为的就是"不让孩子输在起跑线上。"

孩子在起跑线上的输或赢，是家长所能决定和主宰的吗？是家长用金钱、关系、权势或物质所能包装出来的吗？理想是丰满的，现实是很骨感的。家长不想让孩子输，孩子未必就不会输；家长想让孩子一定

拨乱反正　辩证考量

第二章

一

赢，孩子未必就一定赢得了。孩子如果根基不牢，即便赢在起跑线，也会很快输得很惨；如果根基扎实，即便在起跑线上没赢，也会在以后的人生中大赢。因此，孩子在起跑线上的输与赢并不重要，重要的是根基和品德，以及建立在根基和品德基础上的才能。无德有才是毒品，有德有才是极品。家长总不会让孩子做毒品吧，而要做极品，就必须让孩子强根固本，然后再培养塑造才能，这才是成就孩子的光明大道。

家庭教育属于百年树人式教育，是一种着眼未来、立足长远的教育，岂能因眼前的成败而丢掉强根固本的培养和教育呢？急于求成不是培养，急功近利不是教育，成败得失不是未来。能笑到最后才是真赢，艰难困苦，玉汝于成才是大成。

家长对家庭教育的经营不能过度，更加不能主宰和控制。主宰和控制式的教育，是扼杀孩子的天性和慧命的教育。对家庭教育的经营，属于一种孩子成长发展的辅助和保障。因此，家庭教育是一种引导辅助式养育，而不是主宰替代式培养。孩子的成长和发展，主体永远是孩子而不是家长。一旦主体易位，责任转移，教育就面临错位，后果不堪设想。因为孩子一旦对家长形成强烈的依赖，学习成长的主体和责任就会转移，孩子就会丧失成长发展的独立性和自主性，成了"不是我要学习，我要成长，而是父母要学习，父母要成长"。这种南辕北辙的教育结局，究竟是谁之过？

家庭教育是经营正善式教育，不是放任邪恶式教育。对于孩子的优点和长处，家长可以放任不管；但是对于孩子的缺点和问题，就绝对不能纵容放任。

家庭教育的
责任与主体

一棵小树，成长壮大由自己负责，土壤、水、营养、空气、阳光等保障和资源由天地负责。小树和天地各司其职，独立有序，自然又不违和。小树如同孩子，天地如同父母，家庭教育的主体和责任，如同小树和天地，应自然有序不违和。

家庭教育的责任主体，因家长和孩子的特殊性而有所不同。保护、养育的责任主体是家长，学习、成长的责任主体是孩子，家长是孩子成长发育的辅助和保障。家长与孩子应互相独立，责任明确，既不能偏废，也不能干涉和替代，这是家庭教育的主体责任原则。

一棵幼苗的成长靠自己，强加的外力往往会阻碍甚至损害幼苗的成长发育；孩子的学习和成长靠自己，家长强加的外力主宰和控制，同样会阻碍和损害孩子的成长发育。因此，属于孩子的责任和主体，家长不能替代和包办。溺爱、替代、包办、主宰和控制，都属于责任主体错位，家庭教育必然会偏离正道，误入歧途。

如果家长的主体或责任缺失，家庭教育就形同虚设，无从谈起；如果孩子的主体或责任缺失，则家庭教育就沦落为包办替代，孩子的独立自主也无从谈起；如果家长和孩子的主体或责任双重缺失，极端的现象必然会导致极端的结局，而且很难有好的结局。

如果家庭教育主体不清、责任不明，那么家庭教育必然混乱无序，家庭教育成功的可能性也非常小。主体和责任不清，是家庭教育的大忌。

养育不好孩子，是家长的责任，但学习不好或成长欠佳，则是孩子自己的责任。孩子无能，父母无罪；孩子不成器，罪过在自己，而不是父母。

最理想的家庭教育模式，是家长和孩子各守主体，各担责任，目标一致，协调平衡，和谐统一，这也是家庭教育成功的前提和保障。让孩子独立自主地"我要学习，我要成长"，而不是家长"要求学习，要求成长"，如此，家庭教育想不成功都不可能。

家长言行不一和变化无常的危害 ⑨

家庭教育属于自然感应、循序渐进、潜移默化和榜样引领式教育。俗话说：榜样的力量是无穷的。家长的一言一行、一举一动都是孩子模仿学习的对象。

家长的思想、语言、情绪、态度、情感、意志和行为等，都在随时随地影响和塑造着孩子。家长如果言行不一，孩子自然就学会言行不一；家长变化无常，孩子自然就学会变化无常；家长言行一致，孩子自然就学会言行一致；家长理性稳定，孩子自然就学会理性稳定。

由此可见，家长言行一致、理性稳定，在家庭教育中是多么关键和重要。

很多家长，要求孩子做到，而自己却做不到；要求孩子做某事，却又不由自主地替孩子把事情做好；一会儿要求孩子这样，一会儿又要求孩子那样；一会儿对孩子百依百顺，一会儿又对孩子严厉刻薄；一会儿对孩子笑脸相迎，一会儿又对孩子冷若冰霜……

家长的言行不一和变化无常，是对孩子的不信任、不放心，总会让孩子无所适从，迷茫而混乱，最终放弃成长而形成依赖性格。

孩子对家长的逆反或愤怒，往往是因为家长爱的表达方式、沟通互动模式和管教方式有问题。家长和孩子在互动中缺乏爱的流动，缺少换位思考能力，不注意孩子的感觉和感受，无意识地把自己的意志强加到孩子身上，不管孩子的意愿是接受或不接受。特别是当孩子有自己的观点、想法和行为时，家长往往以他是孩子为由，习惯性地用强权、用自己的意志和好恶，强行干涉或否定，强令孩子接受自己的观点或者按自己的意志行事，从而严重地伤害了孩子的自尊心，使孩子因压抑和受挫而心生逆反或愤怒。

家庭有一种情绪缓冲功能。为了安全和稳定，家庭往往需要承载其他成员的负面情绪。孩子对家长的愤怒，本质上是一种情绪的转移，是把自己内心的敌意和愤怒，转嫁到家长身上，以求压抑的情绪得以释放，获得暂时的心理平衡。

所以说，家长要么什么都不说，自己直接做；要么要求之后让孩子必须做，而自己则什么也不做。要想方设法为孩子的行为创造机会和条件，否则，孩子就无法从对父母的依恋中解脱出来，孩子的心理成长就会变慢甚至停止。

在家庭教育中，平等、尊重、理解、共情是中国家长最缺乏也是最需要的东西；稳定、理性、秩序和智慧，是家庭教育的根基和法宝。家长的言行不一和变化无常，是家庭教育的大忌。

标签的
功与过 ⑩

标签，本义是贴在或系在物品上，标明品名、用途和价格等的纸片的通称。标签，通常是对事物综合特质的定性描述，具有标志和识别功能。

给事物贴标签，是人的一种本能，是一种习惯性的认知模式。既然贴标签是一种习惯，那么人就不仅会给特定的事物贴标签，也会给人贴标签。一个人的标签，是外人对自己综合特质的确定性评判，就相当于一张名片。没有标签，就无以定性；无以定性，就无以识别；无以识别，就会失去目标和方向，令人茫然而不知所措。因此，不给人贴标签，是根本不可能的事情。

事物有优劣，人有善恶，因而标签必定分好坏。特定的事物，由于没有生命，好坏对它们而言根本没什么意义，仅仅是一个标识而已。但人却不同，人有生命，有思想意识，有主观能动性，个人标签的好坏，对人的影响和作用意义深远。给一个人贴上好的标签，总能让他好上加好；而给一个人贴上坏的标签，却能令他坏上加坏。因此，标签对人具有强迫性暗示和强化功能，总能于无形中，使人趋向于标签所标定的特质。

在家庭教育中，给孩子贴上好的标签，会让孩子越来越好；给孩子贴上不良的标签，也会让孩子越来越差。比如，对于惯常偷东西、打架、骂人、撒谎、逃学、搞恶作剧的孩子，一旦他们的不良行为经过一次、两次或者多次重复，就很容易被家长贴上相应的标签。标签一旦沾身，孩子就会反复受到标签的暗示和影响，使标签不断被强化，孩子也

辩证考量
拨乱反正

——

第二章

——

089

就真的成了标签所标定类型的人。更为严重的是，当孩子被贴上不良标签之后，不良标签就会成为家长教育整治的切入点，不断地关注标签、强制改变标签、惩罚标签行为，让标签越贴越牢，想撕都撕不掉，这是不良标签的害处。同样的道理，如果一个孩子被贴上聪明、优秀、能干、学习好、多才多艺等好标签，那么受到家长反复的关注、欣赏、鼓励和肯定，好标签就会不停地被强化，同样让好标签越贴越牢，这是好标签的好处。由此可以推知：家长要想让孩子延续某种行为，只要反复关注和强化即可；要想让孩子中止某种行为，只要忽略或强迫强制实施该行为就成。

　　人是灵动的，是不断变化发展的。因此，任何标签，都不能完全代表一个人。尤其是还没有发育定型的孩子，他们的未来一切皆有可能，标签随时都可能发生变化。聪明的家长从不轻易给孩子贴上不良标签，因为他们深知：每一个孩子都是本性善良、聪明伶俐、可爱可塑的；每一个孩子在成长的过程中，都是需要通过不断犯错，并在错误修正中学习和成长的，根本不能用刻板不变的标签把孩子给圈定；主观武断地给孩子贴上不良的标签，不是爱孩子，而是彻底地害孩子，智慧的家长怎么能犯这样低级的错误呢？

　　人需要标签，但标签必须是好标签，绝对不能是坏标签。人的标签需要与时俱进，不能固定刻板，否则就会害人于无意，毁人于无形！

穷养
与富养 ⑪

　　家长用低于家庭经济能力的方式抚养孩子，称为穷养；用高于家庭经济能力的方式抚养孩子，称为富养。由于每个家庭的经济能力各不相同，因而无论穷养还是富养，都是一个相对的概念，没有绝对的标准。

　　穷养和富养，都是以物质和经济为抓手，受家长绝对控制和主宰的养育，也都属于极端过度式养育。物极必反，凡事过度必有害，因而这两种养育方式都不理想。

　　穷养和富养，核心都在物质和经济，并不在正善和习惯。家庭教育是以培养孩子的德行和习惯为核心的教育，因此，无论穷养还是富养，都是一种偏离根本的教育，是舍本逐末的短视行为。

　　学习与成长的主体是孩子，养育的主体是家长，只要两个主体不能有机融合，哪怕家长的出发点是好的，愿望是好的，但是结果却总是不尽如人意，为什么？因为家长和孩子各自为战，目标和方向很难同步和统一。

　　家长抚养孩子，与穷富没有关系。穷要抚养，富也要抚养；穷要把孩子抚养成人，富也要把孩子抚养成人。富人家的孩子，家长即便想穷养，也穷不到哪里去；穷人家的孩子，家长就是想富养，也没有条件。抚养孩子，应以与家庭经济能力相匹配为原则，家庭穷富无法选择，穷养和富养也不以人的意志为转移，又岂是家长刻意选择和安排就能称心如意的？

　　家庭教育，是以正善为根本的品行和习惯教育，物质和经济只是保障性辅助，并不起决定作用。人的品行和习惯，与家庭穷富无关，与穷

辩证考量
拨乱反正

——

第二章

一

养富养无关，与知识多寡或才艺优劣也无关，只与人的思想智慧和行为有关。因此，家庭教育面前人人平等，品行和习惯面前人人相同，并不会因为家庭条件好坏或者父母权势名望高低而有所不同。穷人家的孩子，德才兼备就会卓越和成功；富人家孩子，无德无才照样无能败家，因此，对孩子无论穷养还是富养都没有必要，如果执着于穷养或富养，就是胡闹，或者说是主观妄为。

穷养和富养，是一种错误的家庭教育观念，非但不能当真，更加不能照做。穷养和富养是纯粹的功利攀比观念，穷人和富人的家庭根本没有可比性，何苦进行这种无意义的攀比？

根据自己家庭的经济能力，守正养善，建德塑才，选择适合的家庭教育方式才最为理想，不要执着于穷养还是富养。

影响与反影响，
控制与反控制 ⑫

人与人之间的人际互动，要么是影响别人，要么是被别人影响，要么是控制别人，要么是被别人控制，能够保持纯粹意义上的独立、自主、平等和自由是相当难得和少见的。人对人的影响和控制，是通过思想、语言、情绪、态度、情感、意志、行为及衣食住行等方面，相互之间有意无意、动态随机、综合系统的影响和控制过程。

人与人之间的影响和控制，有积极和消极之分。积极的影响和控制，能促进双方关系亲密、和谐；消极的影响和控制，则会令双方关系疏远。

家长与孩子之间，自始至终都处于影响与反影响，控制和反控制的交相流变过程之中。家长通过影响与控制，促使孩子在正确的道路上成长发展；孩子通过反影响和反控制，推动家长不断地修正和改变，确保整个家庭在动态平衡、和谐稳定中发展壮大，延续传承。

家长对孩子积极的影响和控制，是孩子成长必需的阳光雨露，也是家庭教育的主导模式；而对孩子消极的影响和控制，是孩子成长路上的阴冷寒霜，也是极具破坏力和伤害性的家庭教育模式。孩子对家长积极的反影响和反控制，使亲子之间更加快乐幸福；而消极的反影响和反控制，必然促使亲子之间矛盾冲突加剧。

金无足赤，人无完人。每个人都有独特的优点和长处，也必有致命的弱点和不足。但凡被孩子消极反影响和反控制的家长，都是致命的弱点被孩子无意之中捕捉并利用的结果。任何一个孩子，只要抓住了父母的软肋，就会因不断受益而反复利用；家长因命门被孩子抓住，对孩子的无理取闹或非理性欲求丧失抵抗力，对孩子百依百顺，消极纵容、娇惯，无形中促成了孩子不良习性或行为习惯的养成。所以说，没有天生就有问题的孩子，只是家长后天培养和教育不当，让消极影响和控制大行其道，便损害了孩子的慧根，使孩子在不良的方面发展强化。

实践证明，人与人之间的交往互动模式，具有极端的稳定性。无论成人之间还是孩子之间，也无论家长和孩子之间，只要在最初互动过程中形成彼此默契模式，就会一直延续不变，除非彼此不再交往或关系决裂。积极的互动会重复积极的互动，消极的互动会反复消极的互动，由于已经形成习惯，彼此交往互动心照不宣，自动自发，因而极端顽固而又难以改变。积习难改，不仅仅是孩子的习惯难改，家长的习惯更加难改，这就是家长总是对孩子的问题或缺点一筹莫展、痛苦无助的根本原因。

俗话说：教育孩子要在孩子启蒙之初。如果初期交往互动出现问题，一旦问题发展壮大，再想控制和改造，就不是那么简单和容易的事情了。因此，对于世间万物，如果在初期大意或放纵，就会带来无法挽回、无法控制的不良后果，这是规律。

孩子初生稚嫩，一切依本性或本能行事，总是非常单纯而直接，并总以本能的欲求为第一要务。只要家长能理性智慧地实施积极正能量的影响和控制策略，跳出孩子消极反影响和反控制的陷阱，不受孩子情绪化的影响，不被孩子所控制和左右，那么孩子往往就会乖乖听话，自然而然地回到正轨。

家庭教育，不只是家长的事情，也不只是孩子的事情，而是家长和孩子相互积极的影响互动。家庭教育只有规避消极的影响和控制，才能在正善的阳光大道上健康发展，成功成就。

有情 和无情 ⑬

　　父母爱孩子，是天性，是本能。父母对孩子的深情厚谊，无所不在，无所不包。

　　在父母眼里，孩子始终是孩子，哪怕孩子已经 20 岁、30 岁，父母也不会把他们当大人看待，依然会一如既往地给予他们无微不至的关爱和呵护。

　　父母对孩子的关爱，对孩子的付出和奉献，对孩子的替代和包办，会积久成习，变成下意识的习惯，因而不会随着孩子年龄的增长而有所改变。

　　父母对婴幼儿无微不至的关爱、呵护与包办，对孩子健康成长有益无害；而当孩子逐渐长大，在不同的年龄段，需要独自培养和历练相应的生存技能时，父母的替代和包办，就会成为最大的障碍，会于无形中剥夺孩子成长发展的机会和平台，削弱和限制孩子的健康成长。人，吃一堑才能长一智。人真正的经验、能力和智慧，从书本上不容易学得，从他人处也很难得到，而从亲力亲为的实践和磨炼中，才能真正获得，这是任何人替代不了，帮助不了的。家长对孩子过多过分地宠爱溺爱，过多过分地包办替代，看似爱孩子爱到无可挑剔，看似一切为了孩子，为了孩子好，本质上却是最自私、最无情、最不可思议的教养方式。因为孩子的未来生活及人生必须靠自己去完成和担当，父母不可能照顾孩子一辈子，不可能陪伴孩子一辈子。严是爱，松是害，宠爱溺爱、包办替代是祸害。真正的家庭教育应是严格严厉不放纵，自立成人的磨炼不心软，无限的爱不中断，理性和智慧不轻变。家庭教育是一种后天生存自立教育，而不是先天本能随性教育。

所以说，在孩子婴幼儿阶段，父母无微不至的关爱、替代和包办属于有情；在孩子童年、少年甚至成年阶段，父母无微不至的关爱、替代和包办，就属于无情。在孩子长大以后，放手让孩子独立自主地历练和发展，虽然看似无情，实则最为有情。因为父母养育孩子，是为了让孩子能够独立，而不是依靠谁或者因为不能独立而无法生活。不能培养出孩子的独立生活能力的父母，是最无情的父母。

家庭教育中父母对孩子有情还是无情，以孩子能否成人成才并独立为唯一衡量指标。并不是父母对孩子好就是有情，也不是对孩子不好就是无情。

有情的父母，是随着孩子的不断成长而不断学习、提升和改变的父母；无情的父母，是从孩子出生开始自始至终顽固不变的父母。

父母对孩子有情无情不在表象，而在最根本的孩子独立上。孩子不能独立，父母有情也无情；孩子能够独立，父母无情却胜有情。

父母有情还是无情，需要让孩子来证明，而不是自己来证明，更加不是别人来证明。

爱需要理性，需要智慧，需要立足长远，需要顺应人道，万万不可主观妄为，否则必定贻害无穷。

为了孩子，为了自己，为了家庭，为了子孙后代，为了社会和国家，甚至为了全人类，家长们的责任重大。从某种程度上讲，孩子的未来掌握在父母手中。孩子是好是坏，往往由父母一手造就！

有用没问题，有问题没用 ⑭

现实生活中，各种各样有关家庭教育的思想、理论、方法、模式、经验、教训等，似乎总是会让没问题或者问题很小的孩子锦上添花，让有问题或者问题比较严重的孩子雪上加霜。

为什么会出现这种好者愈好，差者愈差的极端现象呢？因为但凡有价值的家庭教育思想、理论、方法、模式、经验、教训等，无一不是以正善为根本，以积极正能量为核心的。没问题或者问题很小的孩子，正强善固，思想态度和言谈举止都以积极正能量为主导，与家庭教育的正善和积极正能量在同一频道上，自然能够同频共振；而有问题或者问题比较严重的孩子，由于正弱善轻，邪恶滋生，思想态度和言谈举止必然以消极负能量为主导，与家庭教育的正善和积极正能量格格不入，因而各种有价值的家庭教育思想理论、成功经验和方法，非但于孩子无用，反而会强化孩子对问题的固守，使问题雪上加霜，越发严重。

家庭教育具有鲜明的个性特色，如同一万个人就有一万个对幸福不同的理解和定义一样，一万个家长也有一万个各不相同的家庭教育方法和模式。因为人与人各不相同，不同的个体，不同的性格，不同的思想，不同的知识文化水平，不同的能力素质，不同的行为习惯模式，不同的环境条件，不同的社会关系等，决定了家庭教育无不具有鲜明的个性特征。家庭教育永远都不是别人的好，而是与自身相适应并卓有成效才是真的好。他人关于家庭教育的成功经验或方法模式，往往只对孩子的优秀卓越方面有益，对缺点或问题的改变无益，除非孩子自己主动开始积极正能量的改变。

辩证考量
拨乱反正

第二章

一

097

孩子如此，家长也同样如此。

　　绝大多数家长，为了搞好家庭教育，总会不厌其烦、无休无止地参加各种各样的家庭教育培训班，听各种各样的家庭教育讲座，阅读各种各样的家庭教育书籍，学习各种各样家庭教育成功的经验，忙来忙去，学来学去，但基本上都是学习阅读时热血沸腾，信心满满，回到家之后一切照旧：以前怎么样，现在还怎么样，以后还是怎么样，似乎不会有丝毫的改变。为什么会这样呢？因为家长所学所听的东西，都是别人的，并没有转化成自己的。人，都是按照潜意识特定的思维模式和行为习惯生活、学习和工作的，只有能够内化入潜意识的东西，才能自动自发对自己产生影响和作用。只要没有把所学所听变成自己的东西，那么即便想用，也不知从何做起。因此，家长的陈规陋习，是学习进步的最大障碍，也是家庭教育思想、理论、方法、模式、经验等实施的最大障碍。

　　无论家长还是孩子，只要自身特定的思维模式和行为习惯不改变，那么他的一切都不会变。人只要思维模式和行为习惯一变，一切都会改变，整个世界都会跟着改变。

　　总而言之，家庭教育，是家长和孩子共同学习、共同进步、共同提升的过程，是陈规陋习被新思想、新行为、新习惯替代的过程，也是一个有价值的家庭教育思想、理论、方法、模式、经验等由无用变为有用的过程。

　　凡事要想有用，就要先将它变成自己的东西；凡事要想有价值，就要将自己的东西应用于现实生活当中。只要不属于自己，只要不能在现实中应用，任何事物于自己都将百无一用。

勤劳是正善之根，懒惰是邪恶之源

劳动是人类和人类社会产生的决定性环节，是意识的物质器官（人的大脑及神经系统）形成和完善的基础，是人意识产生和发展的决定性力量。因此，劳动是培养人、塑造人最理想的工具，是促进孩子意识及智力完善和发展的核心机制，也是孩子大脑及神经系统全面发展的基础和保证。不让孩子劳动，剥夺孩子劳动的权利，就等于放弃对孩子基础技能的培养，损害其大脑及神经系统的功能，阻碍其意识和智能的完善。

一勤生百善，一懒造千邪。勤劳培养和塑造人的整体系统化素质和能力，使人身心健康和谐，守正向善；懒惰荒废和削弱人的整体系统化能力，使人异常失衡，趋邪向恶。

家庭教育的核心在正善，正善的根本在勤劳，因此，家庭教育的根基在勤劳教育。但凡孩子懒惰，都意味着根基薄弱，正善不立。这样的孩子不论多么优秀，都不能称为家庭教育的成功。

孩子的勤劳是家长培养训练出来的，孩子的懒惰也是家长一手缔造的。勤劳源于从小到大一贯不变自觉主动的劳动，懒惰则来自从小到大一贯不变的纵欲享乐。因此，无论勤劳还是懒惰，都不是天生的，而是家长培养塑造的。独立自主培养和塑造人的勤劳，依赖享受培养和塑造人的懒惰。但凡勤劳的人，都是自小就独立自主的人，但凡懒惰的人，都是自小就依赖享受的人。

勤奋成人成才，懒惰毁人坏才，这是亘古不变的真理。

家庭教育是对孩子进行独立自主式成人成才教育，不是依赖享受式毁人坏才式教育，因此，家长对孩子任何形式的包办、替代、溺爱、纵容、庇护，都属于毁人坏才式教育，并非家长爱孩子的表现，而是家长害孩子的表征。

从某种程度上讲，在现代的中国，家长的所谓"有情和大爱"，恰恰是对孩子最大的祸害，而家长的"无情或小爱"，恰恰是对孩子最好最大的成全和爱。

自以为是、一厢情愿、随心所欲、主观妄为式的家庭教育，都不能算是教育，充其量算是个人的显摆或本能式抚养。抚养永远不能替代教育，教育也永远不能以养带教，教育需要理性和智慧，而不是感性和随心所欲。

总而言之，培养和塑造孩子勤劳的习惯，属于正善的强根固本式教育，是真正意义上的家庭教育；相反，培养并促成孩子懒惰的习性，属于邪恶的享乐式抚养，少利而多害。

什么才是真正的家庭教育？培养孩子勤劳的习惯才是，塑造孩子懒惰的习性再怎么做也不是。

家庭教育是过程结果综合论，单纯的过程论或结果论，都是会出问题的，而且往往会出大问题。重过程更重结果，是家庭教育铁的法则。

劳动是孩子的第一天职，放弃劳动就等于放弃成长！

正事拖延
闲事欢 ⑯

在日常生活中，很多爱磨蹭拖延的孩子，总让家长精神崩溃而又无可奈何：一件小事做半天，一点作业磨到深夜……他们并非事事都磨蹭拖延，总是在学习、劳动、规律生活作息等正事方面消极被动磨洋工，但在玩耍、打闹或闲事上却异常积极主动，从不拖延磨蹭，属于典型的正事拖延闲事欢，与家长的愿望初衷完全相反。

为什么会这样呢？

孩子天性自然，凡事喜欢跟着感觉走，随心所欲，自由玩耍，不喜欢被约束被管制。但凡做正事，就必须符合规矩，要符合规矩就必须有约束，有限制，这些总会让孩子索然寡味。通常来讲，但凡具有严重磨蹭拖延习惯的孩子，都有严格、强势、强迫特质的家长。家长为了让自己的孩子优秀卓越，能够赢在起跑线上，都会习惯性地忽略孩子的兴趣爱好，不顾孩子的感受和愿意，不管孩子的年龄和身心承受能力，急功近利，主观妄为，把自己的意志强加给孩子。更让孩子崩溃的是：自己在按照父母的要求完成一个任务之后，便会紧跟着被安排下一个任务；在下一个任务完成之后，又总是会有新的任务在等待着。不想干，没兴趣干，不愿意干又不得不干，孩子就只能磨蹭拖延，消极应付，得过且过，并试图通过磨蹭拖延来为自己争取时间和空间，获得属于自己的快乐和自由。所以说，孩子的拖延和磨蹭，往往是家长催出来的，是家长逼出来的，是孩子变相进行自我保护的一种手段和策略，家长才是孩子慢和拖延的一手制造者。

人对感兴趣的事从来不会磨，不会慢。慢，是对付急功近利和强权

辩证考量
拨乱反正

——

第二章

一

控制的灵丹妙药，是无声的对抗、柔性的不满和不得已的逃避。

俗话说：兴趣是最好的老师。对喜欢或感兴趣的事情，人总是最有耐心，最有动力，最能持久，最快乐和最成功；对不喜欢或不感兴趣的事情，则完全相反；对被强迫、强制或强加的事情，就更加逆反、消极和抗拒了。

孩子读书、学习等好习惯的培养，都是标准的正事，但除极少数有天赋、优秀的孩子会自觉主动努力并坚持外，绝大多数孩子都会消极被动，缺乏兴趣和动力，这也是家庭教育的重点和难点所在。

改变孩子磨蹭拖延的毛病其实很简单：家长只要能够意识到自己的问题所在，有意识地减少对孩子的意志强加，把正事与孩子的兴趣爱好有机结合，坚持只要孩子完成既定任务，就还孩子完全自由的原则，言出必行，令行禁止，孩子受到贪玩天性的驱使，就会快速高效地完成正事，然后快乐地去玩耍。

习惯决定命运，人有什么样的习惯，就有什么样的人生。勤劳的人总是闲不住，懒惰的人总是无所事事。不是勤劳的人天生就喜欢干活，也不是懒惰的人天生就懒惰，而是习惯使然。家长如果想让孩子做正事，就能且只能培养孩子做正事的兴趣和习惯，只要做不到这一点，家长无论怎么努力，都不能让孩子很好地做正事。

习惯的培养需要保持持续不断的兴趣并反复重复。家长只要能够用做正事不断给予孩子积极正向的肯定和认同，让孩子不断地从正事中获得成功和快乐，让成功和快乐自动激发孩子做正事的兴趣和动力，推动孩子反复地做正事，天长日久，孩子做正事的习惯自然而然就会养成。好习惯一旦养成，就会一劳永逸，自动自发，想停也停不下来。

正事拖延闲事欢，是因为孩子不会做正事，不习惯做正事。只要会做正事，有兴趣做正事，习惯做正事，那么就会闲事拖延正事欢，来个乾坤大反转。因此，培养孩子做正事的兴趣和习惯，是家长一劳永逸的功德。

刚柔相济
好家教

⑰

《易经》称天、地、人为三才。天刚健，地阴柔，天地相合，普降甘露，吉祥安泰。人分男女，男刚健，女阴柔，男女相合，快乐和谐，幸福久长。相反，若天阴柔，地刚健，就是天翻地覆；男阴柔，女刚健，就是天性背反，皆不能稳定持久。

家庭是社会的细胞，家庭中同样有小"三才"，即父亲、母亲和孩子。父亲是孩子的天，主刚健；母亲是孩子的地，主阴柔。父母恩爱和谐，家庭幸福安康，就会天清地宁，祥和安泰。如果父母不和，或者父阴柔母刚健，或者分崩离析，那么家庭就会天翻地覆，覆巢之下焉有完卵？父母出现问题，孩子很难不出问题。

父母相和才能刚柔相济，刚柔相济才有吉祥安泰，吉祥安泰才有幸福和未来，有幸福和未来的家教，才是最好的家教。

俗话说，文事需要武备，武事需要文备。文武兼备，就是刚柔并济，最为理想和圆满。相反，只文不武，只武不文，或者重文轻武，重武轻文，都属于刚柔失衡，很难圆满。

刚柔相济式教育，类似于胡萝卜加大棒式管理。面对孩子的错误或无理要求，父母应一个唱白脸，一个唱黑脸，打一下揉三揉。既不能只打不揉，也不能只揉不打，惩罚和抚慰恰到好处，就是刚柔相济式教育。

在家庭教育中，父亲不能替代母亲，母亲不能替代父亲；父亲不能缺位，母亲也不能缺位；父亲不能阴柔，母亲不能阳刚；父母不能失和，也不能死磕硬斗，否则，家庭的天翻地覆或者父母一方的缺位，都

拨乱反正 辩证考量

第二章

一

103

不可避免地会损害或破坏孩子的成长发展。但凡家庭教育出现问题，孩子成长出现偏差，都是家庭混乱，家长不和，整个家庭大系统出现问题的缘故。

男孩，不能缺失父亲刚健特质的潜移默化；女孩，不能缺失母亲阴柔特质的潜移默化。男孩成长过程中父亲的缺位，女孩成长过程中母亲的缺位，都会导致孩子天性特质的缺失，导致男孩不像男孩，女孩不像女孩，或者男孩女性化，女孩男性化，这都是孩子人格方面的异化或残缺，对孩子都会造成终身的不利影响。

通常情况下，孩子进入中学读书，就意味着进入了青春期。对于进入青春期的孩子，父母对男孩女孩的教育不能一视同仁，因为此阶段孩子的生理心理都会发生具有性别特色的特殊变化，尤其是性意识的觉醒，都是不同性别的家长所无能为力处置和解决的，只有同性别的家长才能担当和胜任。因此，对男孩的教育，原则上在初中之前应以母亲为主，父亲为辅；以后则转变地位，以父亲为主；母亲为辅。女孩则相反，初中之前应以父亲为主，母亲为辅；以后就要转变地位，以母亲为主，父亲为辅。父母对孩子的教育，主次分明，协调有序，目标一致，和谐团结，才能培养造就孩子的理性人格和卓越才能。

婚姻是神圣的殿堂，支撑这个殿堂的是男人和女人合乎天性的角色定位和持守；教育孩子是伟大的事业，支撑这一事业的是家庭的和谐幸福和父母刚柔并济的完美教育。

刚柔相济，是家庭教育的完美模式。

家庭教育与
生、养和管

（注：标题右侧有圆圈数字 18）

　　一只小猫，只和养育它的主人亲近，只服从主人的管教，亲妈都不行；一只小狗，只对养育它的主人忠诚和服从，主人无论怎么对待它，它都忠诚服从，对亲妈则视同陌路。为什么会这样呢？因为小猫小狗和主人建立了深厚的情感和依恋关系，所以才会自然而然地亲近主人，服从主人的管教。

　　在家庭教育中，家长生、养、管孩子并不是一回事。家长对孩子生而未养，或者生而抛弃，纵然血脉相连，也会感情淡漠，形同陌路。对于孩子而言，谁养跟谁亲，而不是谁生跟谁亲；谁养服谁管，而不是谁生服谁管。感情需要培养，而非生而具有。孩子对家长的情感和依恋，来自朝夕相处的陪伴和养育，而不是纯粹的生。

　　管教是一种否定式伤害，或者说是一种强力式扭转，这是违背孩子意志的一种外力强加。只有那些和孩子建立深厚情感和依恋关系的家长，才可以对孩子责骂、体罚、强管。如果没有建立情感和依恋关系，家长即便再正确再占理也不能管教孩子，因为孩子并不会服管，管也无效；如果家长自认为生了孩子就有权管理和教育，强势霸道地对孩子实施管教，那么孩子既不会领情也不会感恩，只有不理解，只有愤怒，只有叛逆，只有怨恨。因此，家长对孩子生而不养，不可以管；生而抛弃，更加不可以管，即便是为了孩子好也不行。

　　管教孩子要慎重，不是谁都可以，也不是生了孩子就理所当然有权管教。家长对孩子能管才可以管，不能管就不可以管，如果实在必须管，则一定要先培养感情然后再管教。因为家长对孩子的管教得当，尚

（右侧竖排文字）

辩证考量
拨乱反正

——

第二章

一

且没有什么问题，一旦管教不当，则远不如不管。不当的管教不是爱，而是切切实实的伤害，管得越严，伤害越重。因此，家长对孩子恰当的管教，更有利于孩子学好向善，而不当的管教，尤其是强势控制式管教，非但不能让孩子学好向善，甚至会促使孩子学坏向恶，这不能不说是家庭教育的悲哀。

　　管教孩子是一门学问，家庭教育更是一项综合系统工程。家庭教育非理性不能胜任，非智慧不能圆满。理性和智慧，是家庭教育的法宝，也是家庭教育成功的秘诀。

在现实生活中，很多人面对困难、挫折或失败，不是逃避就是放弃。任何事物都有自身存在和发展的规律，人只要做事，就必然会遭遇困难和挫折，这并不以人的意志为转移。如果遇到困难就退缩，碰到挫折就放弃，那么根本就做不了事情，更别谈做成事情了。

人生在世，具有迎难而上的抗挫能力和不懈的坚持力至关重要，这是人生最宝贵的财富。

所谓挫商，是指人承受挫折的能力。挫商与坚持力相辅相成，如果没有挫商，凡事根本无法坚持，自然谈不上坚持力；没有坚持力作后盾，挫商很难保持和发展。因此，挫商教育和坚持力教育需要同步进行，不可偏废。

挫商和坚持力是建立在强大的心理素质和自信基础上的，如果心理脆弱或自卑，根本无力应对挫折，坚持力更加无从谈起。

人强大的心理素质和自信，又必须以强大的安全感为根基。如果安全感缺失，心里恐惧难安，自信无所住，人就会动荡漂泊，如水中浮萍、空中草芥，那么心理必然脆弱不能安定，自卑又无助。

人的安全感，来自幼年时期父母爱的滋养和全方位的安全保障。父母是孩子的生命之根，父母阳光雨露般的爱，是孩子安全感构建的根基和保障。如果亲子之爱缺失，孩子的安全感根本就建立不起来；外部环境的安全没有保障，孩子的安全感也很难构建完全。所以说，父母是孩子的生命之根，安全感是孩子生命之魂。孩子只要无根无魂，安全感就无从谈起。人内在没有安全感，就要外在依附于强力或者疯狂占有外物来获得，无论依附强者还是疯狂占有外物，于正道都是难以实现的，只能通过歪门邪道来获取，不学坏变邪怎么可能呢？

由此推知，挫商和坚持力教育的根在于父母，父母要能够给予孩子真正的安全感，让孩子心有所安，神有所定，心理才能稳步发展和成熟，自信才能由弱到强建立，才会不惧困难挫折，不怕失败打击，凡事不会轻易中断和放弃，挫商和坚持力自然而然地就稳定而强大。

挫商和坚持力教育，根本在于对孩子安全感的构建。如果孩子安全感缺失，就不能进行挫商和坚持力教育，因为面对挫折、打击和失败，孩子由于自卑和脆弱，往往愈挫愈败，愈败愈弱，愈弱愈伤，愈伤愈坏，结果非但没有增强挫商和坚持力，反而更加自卑脆弱不堪一击。因此，对于没有安全感的孩子，首先要修通和父母之间爱的连接，用父母的爱修复心理创伤，构建安全感，然后才能增强心理素质和自信，培养挫商和坚持力，这才是挫商和坚持力教育的必由之路。

方法不对，胡乱教育，必定后患无穷，伤人害己！

家庭教育重在
本质而不是方法

　　意识和潜意识，是人脑的机能。如同漂浮在大海之上的冰山，露出水面极少的可见部分为意识，水面以下绝大部分的不可见部分为潜意识。意识主宰理性和智慧；潜意识主宰感性、本能和习惯。人的喜怒哀乐、衣食住行等日常生活的方方面面，靠的都是潜意识而非意识。

　　人的潜意识具有自动自发、循环往复的流变功能，能在无形中控制和左右人的思想、语言、情绪、态度、情感、意志及行为，故人的潜意识主宰人的思维模式和行为习惯。任何形式的教育，只有被个体内化入潜意识，成为自动自发、循环流变的思维模式和行为习惯的一部分，才算真正成功。家庭教育的本质，是对孩子潜意识的塑造或置换。任何浮于表面，或者不能触动孩子潜意识的教育，都是无用的教育。

　　俗话说，习惯决定性格，性格决定命运。故人的命运由习惯来决定，习惯由潜意识所主宰，潜意识通过教育来塑造，因此，教育决定命运。

　　潜意识的塑造，分有意识塑造和无意识塑造、主动塑造和被动塑造、有形塑造和无形塑造等几大类。

　　潜意识塑造法则：简单事情有质有量地重复做。

　　家庭教育是对人的生命的系统化教育，是家长的整个生命活动系统对孩子的言传身教、榜样引领式影响和作用。由于人人生而不同，无论家长还是孩子，思维模式、思维内容、行为习惯等都具有独特性，都存在极强的主观性、随机性、情绪性。家长和孩子生命系统的独一无二，决定了家庭教育必然具有浓厚的个人色彩，具有独特并无法复制的契合度。任何一个家庭教育的成功经验，都无法百分之百地应用于另外一个完全不同的生命个体。因此，世界上根本就没有包打天下、万能通用的家庭教育方法，家长千万不能迷信方法而忽略本质。过分强调家庭教育方法，会把教育者和被教育者引入一条不归路。

人潜意识的塑造，是在理性和智慧支配下综合影响、缓慢渗透的过程，需要家长、孩子、老师、社会、环境、文化及其他社会支持系统的全面协调配合，任何急功近利、短期行为或过于理想化、神圣化的思想和观念都是极端错误的。那种希望看一两本书、听一两次讲座、参加几个培训班，或尝试几种教育方法，就能使家庭教育获得成功的做法，是不负责任和不人道的，因为那根本不符合教育的规律和人性，自然不可能有实质性的效果。

人的外在行为，对潜意识具有影响和作用。人的改变，本质是潜意识思维模式和行为习惯的替代过程。即运用理性和智慧构建新的思维模式和行为习惯，然后通过刻意反复强化训练，使之根植于潜意识，替代原有的不良习惯模式，达到改变的目标。

总而言之，任何家庭教育思想、理论和方法，无论怎么变化，无论怎么实施，最终目标都是指向潜意识习惯模式的塑造或置换，也只有这样，才能称为有效而持久的好思想、好理论、好方法。

家长铺路 孩子走 ㉑

　　所谓家长铺路，是指家长运用自己的金钱、物质、权势、能力和名望等，精心为孩子打造困难最小、问题最少、障碍最低的阳光大道，使孩子无须吃苦受累，就能拥有他人梦寐以求，甚至终其一生也不能拥有的资源、环境、平台或位置。简单地说，就是父母栽树孩子乘凉，或者父母造福孩子享受。

　　中国父母对孩子的爱，在为孩子铺路架桥方面，表现得淋漓尽致，无以复加。在父母眼里，孩子永远是个孩子，让自己的孩子在人生历程中去经历或承受自己所经历承受的挫折、困苦或煎熬，怎么都于心不忍，怎么都要竭尽所能地为孩子创造更好更理想的成长发展环境，这是做父母义不容辞的责任、使命和任务。因此，中国的父母，毫无例外都是铺路架桥的行家里手，都在含辛茹苦地为孩子奉献一切。

　　家长为孩子铺好的路、架好的桥，孩子一定就适合走、愿意走吗？当然未必。事实也证明，家长为孩子打造的光明大道，很少有孩子真正去走，这让父母多年的付出和心血都白费了。但是即便如此，哪怕作为路和桥的备胎，家长也会不遗余力地去做，根本停不下来，为什么呢？因为铺路架桥已经成为家长的习惯，无须刻意强求，自动自发地就干上了。

　　安于享受和接受是孩子的本能，甘于付出和奉献是家长的本能。一方甘当奴仆，另一方心安理得地享受，成为中国特色家庭教育最集中、最典型的写照。

　　据不完全统计：现代中国的年轻人存在不同程度的啃老现象，在发

辩证考量

拨乱反正

第二章

一

111

达的大城市，啃老率高居 80％ 以上。父母挣钱孩子花，父母辛劳孩子享受，即便父母年老体衰，也要出钱出力无条件地为子孙服务，这是当代社会普遍存在的不正常现象。

为什么中国的年轻一代啃老现象如此普遍？没有别的原因，都是家长善于铺路架桥的结果，或者说是父母一手培养造就的。

家长为孩子无条件无原则铺路架桥的结果，是下一代对自己资源的无止境占有，对自己快乐、幸福和生命的不断蚕食，这才是为人父母最大的悲哀。

家长为孩子铺路架桥，是在培养孩子依赖和享受的不良习性；只有让孩子自己学会铺路架桥，才是在培养孩子的独立、自主和才能。

人生之路不同于现实之路，人生之路必须自己铺就，人生之桥必须自己架设，任何人也不能替代包办，更加不能替自己去走。中国家长的执着就在于，明知自己为孩子铺的路架的桥孩子未必会走，但还是照铺照架不误，这才是家庭教育最大的误区和黑洞。

只要中国家长不改变为孩子无条件无原则铺路架桥的习惯性行为，啃老现象就不会遏制，中国家长的苦命循环就不会改观。按照因果循环规律，人总是会因自己的行为而收获相应的果实，这就是典型的自作自受。

世界上的道路，都是前人铺好后人行走的，而独人生之路不同，能且只能自己开路自己走。走别人的路，是死路，走自己的路，才有活路。孩子的路能且只能自己走，任何人也不能替代和干涉。家庭教育的目标任务，就是培养孩子正善、独立、自主的素质和能力，使孩子长大成人之后，能够脱离父母独立走好属于自己的人生道路，成就属于自己的人生。父母有再大的能耐，有再多的金钱，也不能给孩子提供一生的保障，更何况孩子还有孩子呢！因此，任何偏离培养孩子正善、独立、自主的能力和素质的教育，都是失当的教育，自然不可能收获理想的结果。

家长做饭孩子吃，属于不劳而获。孩子拥有不该拥有的，享受不该享受的，最终都要还回来。中国的家长应该醒醒了，为孩子少铺点路，少架点桥，把孩子的路和桥留给他们自己造吧，只有这样，才能父传子、子传孙，子子孙孙无穷尽，才能真正让家族繁荣昌盛，长生久视！

亲子无边界，是家庭教育的致命缺陷 ㉒

宇宙万物，大到星云、星系，小到分子、原子，都有各种相对独立的边界。边界，是事物保持自身独立的外部屏障，是该事物存在和发展的前提和保障。事物的边界一旦被突破，其独立性必然遭受影响或损害。无论人还是物，都以特定的边界来划分自身独立、安全、存在和发展的区域或领域。

人不同于物，人有肉体、心理和精神，因此人既有肉体的边界，也有心理和精神的边界。无论肉体、心理还是精神的边界都必须保持完整独立，不能破坏和损害，这是人健康存在、成长和发展的前提和保证。

中国人历来具有家天下情怀，整体大局观念强大，独立边界意识淡薄，这也是中国人群体性强，个人自主性弱的根源所在。在一个家庭中，家庭成员之间你中有我、我中有你，个人边界很模糊。比如，父母有地位有权力有金钱，子女往往也认为权力、地位和金钱属于自己，父母对此也没有疑义。因而中国的富家子弟，会自然而然地因父辈们富裕和卓越而高人一等，享有极强的优越感。他们纵欲享乐、奢侈浪费，竭尽所能地享用父母所创造的财富而丝毫不觉得难为情和不应该。在他们看来，父母的东西，就是他们的东西，他们享用和据为己有是铁定的，是没有争议的，是理所当然的。他们从来不管父母的钱是怎么来的，也不管自己有没有资格和条件来享受，更不担心未来会不会失去，这就是典型的家庭无边界现象。

中国的孩子从小就缺乏边界感，心理边界和精神边界自然无从谈起。孩子自我边界认知的模糊或缺失，必然损害或破坏其独立自主能力的成长和发展，导致其独立自主性发展严重滞后，依赖性增强。本质上，孩子不是不想独立自主，而是边界被家长剥夺和侵占，自己没有能力、没有条件发展和塑造独立性和自主性；孩子不是想依赖，而是根本没有选择。

中国的家长对孩子肉体、心理和精神边界的剥夺、控制和侵占，是一种无意识的本能，而非主观故意，这是中国人文化基因的传承，从古至今都是一脉相承。虽然科学、技术、经济全球化给中国人带来西方文化和个人强边界观念的影响和冲击，但并没有从根本上动摇亲子之间无边界的传统模式。中国式家庭和亲子之间的无边界传承，于潜意识中影响和控制家庭教育方法模式，致使孩子无法摆脱强依赖弱独立的魔咒，远远落后于时代发展对人素质和能力的要求，这也是经济越发展，科技越进步，物质越丰富，超级巨婴现象和精神疾病越普遍、越严重的根本原因。

中国式家庭教育的无边界，损害的是孩子，受折磨的是家长。因为但凡孩子过分依赖家长，就必然难以独立。孩子能够独立面对世界和未来，是家庭教育的唯一终极目标。孩子成年后如果还是不能独立，随着欲求的不断增长，对父母的"啃食"就会变本加厉。而此时，家长大多年老体衰、精力不济、收入下降，自己尚且难以自顾，哪有精力和能力供养欲求没有止境的成年孩子呢？

家长树立边界意识，清楚自己和孩子的肉体、心理和精神边界，确立并维护好各自的边界，是培养孩子独立自主意识和能力，确保家教成功的关键性指标。家长不可一意孤行，不可一厢情愿，不可主观妄为，更加不可麻痹大意。

劳动
教育

人区别于动物的根本标志，在于制造和使用工具，就是劳动，劳动是人的天职。劳动是人身体、心理和精神最天然的营养素，能塑造人健康的身心、健全的人格和正善的品德。勤劳养正善，懒惰生邪恶。但凡身心、人格、精神、品行好的人，通常都是热爱劳动的人；但凡心理、人格、精神存在问题，品行不好的人，往往都是懒惰闲散的人。

劳动是一种习惯，是一种传承。如果一个人从小就热爱劳动，那么勤劳将陪伴他的一生；相反，如果他从小就不爱劳动，那么终生也难以热爱劳动。因此，培养和塑造孩子劳动的意识和习惯，是家庭教育不可或缺的内容。

不容忽视的现实是，随着科技的进步和社会的发展，在一个家庭中真正需要孩子做的事情越来越少，甚至根本就没有需要孩子去劳作的事情。但这并不能成为家长放弃对孩子劳动教育的理由，只要家长有意识地对孩子进行劳动教育，那么孩子能够做或者需要做的事情将数不胜数。

劳动教育并不是要强迫孩子去做超越自身能力的事情，而是要能够根据孩子年龄和身心特点，让孩子去做他们力所能及的事情。

俗话说：穷人的孩子早当家。穷人的孩子之所以早早地就能当家，就是因为家境贫穷，他们不得不从小就不停地做事、不停地劳作，力所能及地为家庭付出，从而自然而然地养成了劳动的习惯。由于受到劳动的塑造和训练，他们早早地就掌握了独立自主的生存技能，轻而易举地担当起家庭的重任。而那些富家子弟，由于从小就衣来伸手，饭来张口，什么也不用做，什么责任也不用承担，根本就没有劳动的意识和习惯，即便让他们当家，他们也当不起来。从古至今，之所以会有"富不过三代"传承规律，就是因为富家子弟缺失了劳动的教育和塑造，享受玩乐能力一流，做事担当能力一塌糊涂，如何能担当得起家业传承的重任呢？

因此，没有劳动能力的下一代，难以安全、稳定、成功地过一生。

功利社会的功利教育，使家长总是深陷知识、技能和名利教育的泥潭之中，劳动对孩子潜移默化的慢效应并不能满足家长们日益增长的高期望、高追求、高目标和高功利欲求，重教育而轻劳动，甚至抛弃劳动直奔功利的现象越来越普遍，这不能不说是家庭教育的悲哀。舍本逐末是如今家庭教育的最大魔障，也是摆在全社会面前最为重大的教育课题。

劳动创造真善美，懒惰滋生假丑恶。成人需要劳动塑造，成才依靠品德奠基，品德需要劳动成就，因此，成人成才离不开劳动教育。

劳动教育旨在培养孩子劳动的意识和习惯，日常的家务劳动，并不会影响孩子的学习和成长，相反会因劳逸结合而使孩子健康良好地成长和发展。劳动教育不是万能的，但是没有劳动教育是万万不能的，家长务必重视和践行。

一体化
的无助 ㉔

马克思说："经济基础决定上层建筑。"对于人而言，经济是基础，是生存发展的基础和保障。有经济基础，生命就有了保障，就有了安全感；没有经济基础，生命就没有保障，自然会恐慌。追求物质的占有，并将其内化为生命的一部分，并因占有而快乐，因失去而痛苦；因一体化而安全，因分离而恐慌，是人生命的本能。人习惯性地把自己拥有的事物内化为生命的一部分，这就是一体化本能的泛化。

一体化的特点是整体的有机统一与不可分割。我的钱，我的房子，我的车子，我的菜，我的人……与我是一体的，不是独立存在的。

俗话说：孩子是母亲身上掉下的肉。孩子的身体里流淌着父母的血脉，孩子把父母或者父母把孩子一体化，是自然而然的事情。

人有思想，有意识，有主观能动性。趋乐避苦、趋利避害是人的本能，受到乐与利、苦与害的影响，人的言谈举止总是带着强烈的主观个人色彩，根本不可能做到事事都一碗水端平。通常情况下，人都会对自己宽容，对别人刻薄；对自己感性随意，对别人理性客观；自己冲动暴躁，要求别人冷静克制；自己无礼，要求别人有礼貌；自己愚蠢，要求别人智慧；自己邪恶，要求别人善良；自己头脑简单，要求别人思想深刻……面对与己无关的人、事、物，人似乎都智慧满满，无所不能，但当面对自己或有切身利益关系的人、事、物时，却智慧清零，无能为力。管得了别人却管不了自己，似乎是人难以克服的缺陷。

在家庭教育中，相信每一个家长在和别人谈论孩子教育问题时，都会头头是道，理性而又智慧，但当面对自己的孩子时，却又束手无策，

辩证考量
拨乱反正

——

第二章

——

117

心有余而力不足，不知如何是好。究其原因，无非因为孩子与自己为一体，彼此交相融合，没有界限。人管不了自己，自然也管不了一体化的孩子；不能对自己狠，自然对孩子也狠不了；不能教育自己，当然也教育不好孩子。家长对孩子的无助和无奈，本质就是对自身的无助和无奈的扩展。家长对孩子教育和管理的无助，本质就是对一体化自身管理的无助。

家长如果管理不了自己，教育不了自己，就别指望能管理得了孩子，教育得好孩子。古人易子而教，就是无法有效解决家长和孩子一体化，导致教育流于形式，最终祸害孩子而采取的权宜之计。把自己的孩子送给别人管教，自己管教别人的孩子，客观上解决了家长在家庭教育中最困难、最头疼、最顽固、最无助的问题。在现代，易子而教显然是一种奢望，中国自古都不能解决亲子一体化所带来的教育难题，现代人同样难以解决。可以说，家庭教育的失败，家庭教育中存在的诸多问题和不足，都是家长和孩子一体化所造成的。解决不了家长和孩子一体化问题，想成功高效地实施家庭教育，难度可想而知。

人总是对管理自己缺乏智慧。要想解决家庭教育中一体化无助问题，就必须正者反求，即首先做到对管理自己有智慧，然后才能智慧地教育孩子。人若要做到对管理自己有智慧，就必须能够管理和控制自己的一体化本能，即克服趋利避害、趋乐避苦的自然本能。

管理和控制本能最理想的方法，就是修身。《大学》中倡导的"格物、致知、诚意、正心"是修身的递进阶梯，本质就是通过学习和实践，培养塑造自己的"正知、正念、正言和正行"，能够在生命的每一寸时空里端正不邪，行善积德。自古邪不胜正，人唯有修得一颗正善之心，才能压制邪恶，进而控制和管理自己，成就理性和智慧。人没有理性，就不能自律；不能自律，就没有智慧；没有智慧，就难成教育。

孩子学习塑习，培德塑才；家长修身养智，守正养善，是最理想最完美的家庭教育模式。

第三章 — 赢在家教

重点分析
明辨是非

以正
养胎

(01)

《易经》中讲："蒙以养正，圣功也。"意为：蒙童时代应培养纯正无邪的品质，这是造就圣人的成功之路；或者说，用正善培养启蒙阶段的孩童，是圣人的功德。让孩子从小就培养正知、正见、正念和正行，引导他积善心、养善行、正善性，扎好德行的根基，是世间最伟大的功业。为人父母者，最大的成功，就是对孩子教育的成功；最大的功德，就是把孩子培养成德才兼备的栋梁之材。

对孩子的养正培养和教育，难道是在孩子出生以后才开始的吗？显然不是。从生命孕育开始，父母就必须对胎儿实施正养，即以正养胎，或者称作胎教。

因此，对于怀孕的女士而言，不仅仅保胎最为重要，在保胎的同时，对胎儿实施正养同样重要，而且必不可少。

以正养胎不仅仅是怀孕女士一个人的事情，因为正养不仅关乎个人，而且关乎每一个家庭成员、内外环境和社会生活整个动态变化的大系统。只有整个系统都趋向于正善，才能有真正的正养。

所谓胎教，本质就是对胎儿的正养。因此，以正养胎是一个系统工程，绝非单一行为或选择所能胜任。

以正养胎，首先要保持精神的愉悦和情绪的稳定平和。实践证明，持正养善有益于精神，积极正能量有益于身心。母亲心情愉悦、身心和谐、情绪稳定平和是胎儿成长发育最理想的生理环境。因此，对于怀孕的母亲而言，务必坚持正身、正心、正念、正言、正行，但凡不利胎儿成长发育的、消极的思想情绪坚决不能有，不利于胎儿成长发育的消极

重点分析

明辨是非

第三章

121

邪恶的语言坚决不说，不听、不说、不想、不看邪恶的事物或信息，不让身心受到各种不良因素的影响；多看、多听、多说、多做、多想正和善，心向"真、善、美"。要多给胎儿听舒缓美妙的音乐，听圣贤经典的声乐文章，才是以正养胎。

以正养胎，首先要保证衣食住行的科学均衡。但凡不利于胎儿成长发育的衣服坚决不穿，不利于胎儿成长发育的食品坚决不吃，不利于胎儿成长发育的物品坚决不用，不利于胎儿成长发育的事情坚决不做，确保营养均衡，食不过量，食不过丰。

以正养胎，要养成规律作息和运动的习惯。怀孕不可厚养，怀孕也不可不动。劳逸结合，有规律的运动和休息，有利于提高身体内外协调平衡能力，促进身心健康，增强抵抗力，防止生病或用药损害胎儿的健康和发育。

以正养胎，要确保家庭的幸福和谐。居家生活，以和为贵。尤其是家庭成员之间的关系，只有和睦相处，才能快乐幸福。否则，人人斗气，个个闹矛盾，总会导致家人情绪不稳定，身心健康受到影响，胎儿健康受到损害。只有和谐快乐，才最有益于母亲的身体健康，更有益于胎儿的健康发育。

以正养胎，要坚持亲近自然。在自然中修身养性，陶冶性情，安胎保心。比如经常去公园、风景区散步游玩等。

以正养胎，宜静不宜闹，宜正不宜邪，宜善不宜恶。务必远离嘈杂、喧闹、混乱、邪恶的人或环境，亲近安静、平和、正善的人或环境，日常正思、正言、正行、正视听、正饮食、正习惯、正关系、正运动休闲、正情绪态度、正环境，多运动，多行善，多快乐，才能确保整个育儿大系统的正善与祥和。

以正养胎，必须远离各种毒物或辐射。平时要远离手机、电脑、电视、电磁炉、电炒锅、高压电器电线等辐射量较大的物体，不能多吃含食品添加剂、防腐剂以及含过多激素药物的食物，杜绝接触或靠近各种有毒物品或环境，以免对胎儿造成永久的伤害。

以正养胎，凡事都要均衡有度，避免任何形式的过度和极端。比如过度营养、过度小心、过度保护、过度闲散、过度娇惯、过度兴奋、过度悲伤、过度劳累、过度消极、过度紧张、过度混乱等。凡事过犹不及，有害无益。

以正养胎，是家长自我修炼与家庭和谐幸福的最佳契机，也是未来成为合格家长最理想的预演和奠基。家庭教育的成败，往往始于胎教，而不是启蒙！

边缘化，孩子成长的恶梦！

边缘，是指事物沿边的部分，或者靠近边界线的部分。边缘化，是指使事物靠近边缘，处于不重要或可有可无的位置。

人的边缘化，有主动边缘化和被动边缘化之分。所谓主动边缘化，是自己把自己置身于群体或社会的边缘，让自己变得不重要，变得可有可无。所谓被动边缘化，是指因受到他人的排斥、拒绝、打压或抛弃，被动置身于边缘或不重要的位置。

孩子被边缘化的直接后果，就是社会化不足，支持系统缺失，社会适应能力不强，生存困难，身心都出现严重的问题。

边缘化，是孩子成长的恶梦！

被边缘化的孩子，既不被自己喜欢，也不被别人喜欢；既被自己拒斥，也被别人排斥，成长环境之恶劣可想而知。因此，被边缘化的孩子的唯一救星，就是父母的爱和温暖、支持和鼓励。如果父母也和其他人一样不喜欢、排斥甚至厌恶孩子，那么孩子就真不知怎样才能活下去。

人都需要获得他人的认同和接纳，都需要从外界获得存在感，如果正当渠道不能实现，就必定选择歪门邪道。当孩子流浪于群体或社会的边缘，形同空气时，如果不搞点风吹草动，那么谁会注意、谁会重视他呢？被边缘化的孩子想通过正当渠道获得关注和重视的可能性极小极小，他们能做的，往往不是异常的就是邪恶的，这是被边缘化的孩子总是消极堕落走邪路的根本原因。

解决孩子的边缘化问题，父母的爱、温暖、支持和鼓励固然重要，但最重要也是唯一的可行之路，就是自立自强。只有通过自身不断学习、努力，才能突破边缘界限，打破各种壁垒，回归群体和社会。

被女性包围
的中国儿童

母亲生育孩子，孩子需要母亲的乳汁和悉心照顾。孩子离不开母亲，母亲钟爱孩子，这都是人的天性本能。最适合养育孩子的是母亲而不是父亲，最适合照料和教育孩子的是女性而不是男性，所以，无论在家里、在幼儿园还是学校里，大多以女性为教育主体。孩子的整个童年阶段，都被女性所包围。

对于人而言，童年阶段学习、培养、塑造和发展的综合素质及才能，是生命存在和发展的基础，对人生和未来往往具有直接的决定作用。女性几乎占据了孩子的全部童年时光，因此女性往往决定着孩子的前途和未来，女性才是对孩子影响力最大的人。

在养育孩子方面，女性比男性擅长，也比男性重要，但这并不意味着在教育孩子方面不需要男性。男性和女性一样，对孩子的生命和成长不可或缺。因为世界是阴阳结合体，阴阳不能分割，男女同样不能分离。如果因为女性对孩子适合和重要而拒绝或排斥男性，是极端错误的，会人为地导致孩子不能健康、健全地成长和发展。

既然女性包围孩子不可避免，女性掌控孩子也就自然而然。被女性包围和控制的孩子，其成长和发展直接受女性的影响和控制，女性的身心健康、综合素质、道德品质、言谈举止、情绪态度、情感意志、兴趣爱好、习惯模式等，都会直接或间接对孩子有潜移默化的影响和决定性作用。因此，重视女性，培养和塑造女性，使女性不断学习、修炼、提升和完善，就是重视孩子，培养和塑造孩子。没有正善优秀的女性，很难有正善卓越的孩子。

通常情况下，在越阳刚强壮的男人的环境里，女人就越有女人味；越有阳刚之气的男人，越会照顾女人，也越会关心自己。相反，越是没男人味的男人，就越不知道怎么照顾女人、关心女人、疼爱女人，有的甚至需要女人来关心他、疼爱他。在男性缺位的环境下长大的男孩容易女性化，女孩容易男性化。男孩没有男人味，女孩成为"假小子""女汉子"，都是父亲缺位或边缘化造成的。

女性越是擅长养育孩子，孩子就越归她们抚养教育；男性越不擅长养育孩子，孩子的抚养教育就越与他们远离。于是乎，女性越来越倾向于养育孩子，男性越来越倾向于在外面创业打拼。结果养育孩子就成了女人的事，养家打拼就成了男人的事，顺理成章地造成女性养育和控制孩子，男性缺位或边缘化。经济是基础，家庭和后代都需要经济作为保障，功利成为男性没有退路的选择，剥夺了男性在家庭教育中的地位和作用，给孩子的生命系统带来无法弥补的缺失。

女人既管生养，又管教育，男人要肩负打拼养家的重担，这是中国式家庭教育的传统模式。男人只有做到统筹兼顾，协调平衡，才能让孩子健康、全面地成长和发展。

功利教育不是
家庭教育   （04）

在功利主导的社会环境下，功利充斥于社会人生的每一寸空间，家庭教育也不可避免地被功利教育所侵蚀甚至取代。

人的教育和成长，是人与人之间心灵共鸣和感应的过程，是一种潜意识整体、综合、系统化的影响和改变。

家庭教育，属于心灵相通和感应教育，属于身心健康平衡教育，属于基本生活能力教育，属于品德和习惯教育，属于综合系统化的教育，绝非功利教育所能取代。

功利教育，是一种弱根强枝教育，是一种赢得起输不起的教育，是一种你越我超的强逼式教育，是对超越年龄段的素质和能力的拔尖和比拼，更是需要极大的消耗和透支才能变得优秀和卓越的教育，因而是对孩子天赋和潜能的超前性开发和利用，属于拔苗助长式教育。

拔苗真的能助长吗？或许拔得恰当，真的能助长，关键是没人能保证拔得一定恰到好处。一旦拔苗不当，轻则阻碍成长，重则导致畸形甚至夭折。因此，拔苗助长总是弊大于利，功利教育也必然会违背教育的初衷，出现无法预料的不良结果。

一棵大树，如果根基不牢，一阵狂风就能把它吹倒；一棵小草，如果根基浅薄，一场雨就能把它冲刷带走。人也一样，人如果根基不牢，那么在其人生历程中，稍稍经历狂风暴雨、挫折障碍或失败打击，就可能被彻底打倒，再也没有能力站起来。

更为后患无穷的是，功利教育通常都属于单方面的知识或才艺教育，往往会使孩子失去人性中太多应有的东西，造就出越来越多有心理

明辨是非
重点分析

——

第三章

127

或人格缺陷的人。人的一切，都是受中枢神经系统主宰和控制的。人的中枢神经系统一旦出现问题或病变，就必然导致外在行为的变态或异常。在生存压力和社会竞争日趋激烈时代，各方面都健康正常的人尚且困难重重、难以为继，更何况是心理或人格存在缺陷的人呢？人，根基不牢，就是生命中最大最致命的短板。十年建造摩天大楼，一朝崩塌损毁，问题都是出在根基薄弱上。

头重脚轻的人，在漫长的人生旅途中，必定步履蹒跚、危机四伏，想顺利、快乐、成功和幸福，谈何容易！

所以说，最理想的教育，是在强根固本基础上的优秀和卓越教育，只有这样，才能培养出真正德才兼备、优秀卓越的下一代。

孩子"人来疯"的 ⑤ 原因及对策

孩子在成长和发展中，也有社会化的本能欲求，因此，孩子既不能脱离社会大环境，也不能圈养，否则就会不由自主地呈现出"人来疯"现象。

所谓"人来疯"，是指家里来人之后，孩子一反常态，变得异常兴奋和活跃，甚至呈现无法控制的言谈举止。

导致孩子"人来疯"的原因有：

（1）家长对孩子实施圈养，或者管束严格，孩子缺少玩伴，社会化严重不足，致使自由、活泼、好动的天性受到抑制，并呈现出压抑释放的强烈欲求。

（2）客人到来，家庭气氛及人与人之间的关系发生微妙的变化，家长对孩子刻板严格的管束，会因客人的存在而变得宽容甚至不约束、不管制，从而使孩子被压抑的天性得以释放，好奇心被激发，情绪激动，兴奋难以抑制。

（3）客人出于礼貌或本能，会给孩子带些小礼物，并以孩子为中心沟通交流。在客人的关注、夸赞和逗乐中，孩子体验到前所未有的快乐和满足，会不由自主地兴奋和狂热。

（4）外人的存在，给予孩子极大的欲求和精神上的满足，这种快乐和满足，会随着次数的增加而不停地重复和强化，久而久之，"人来疯"就会变成一种习惯，成为下意识的行为。

家庭氛围的枯燥、刻板和外人存在的宽松、自由，使孩子在压抑和释放两个状态中反复，使孩子灵动的生命越来越难于压抑和控制，越来越渴求释放和自由，这对于孩子的健康成长是极端不利的。

解决孩子的"人来疯"问题，需要注意如下几个方面：

（1）家长对孩子的日常管教不宜过于刻板严格，更加不能圈养。要有意识地把孩子带入社会化的大环境中，让孩子的自由天性得到滋养和发展。

（2）在来客人之前，家长就要提前告知孩子：要尊重客人，对客人讲礼貌，要维护自己的美好形象，不要有太出格的言语和行为，在外人面前做个好孩子，让所有人都喜欢他。

（3）面对孩子的"人来疯"，家长要暗中提醒客人，有意识地不理会他，不与他互动，促使他慢慢安静下来。当孩子安静之后，家长和客人都要及时给予正面夸奖和肯定。

（4）客人走后，家长要及时和孩子分析当天的表现。对孩子表现好的方面，给予肯定和鼓励；对孩子表现不理想的方面，提出批评和改进要求，并给予适当的惩罚。

（5）要想克服孩子"人来疯"现象，需要理性，需要智慧，更加需要坚持，不能变化无常，不能中断，更加不能放任不管。

孩子其实很简单，只要家长能够使其天性得到自由发展，给予其适当的快乐和满足，有意识地培养孩子的社会化，孩子的"人来疯"现象就会自动消失，孩子也会步入健康成长的良性发展轨道。

孩子的
歇斯底里　　⑥

歇斯底里，是一种极端化的情绪情感反应，属于一种消极的身心折损，于身心有害无益。通过歇斯底里行为获得的物质欲望的满足，与其对身心的折损相比，简直九牛不及一毛。但是，在物质依赖日趋严重的今天，人视物质或欲望的满足如同生命，拼命追求所得，恐惧所失，重视眼前的得失，轻视长远的损害，这不能不说是人性的缺陷。

歇斯底里是对身心的渐进式损害，因此，一旦经过反复强化形成习惯，就会因身心的反复折损而引发心理或精神疾病，这也是变态心理学将歇斯底里列为常见精神障碍的"癔症"序列的根本原因。

虽然人们不会认为歇斯底里发作的孩童是在犯病，但是歇斯底里一旦成为习惯，就会一直伴随着孩子。孩子总会长大，长大以后如果经常出现歇斯底里行为，就不正常了，就是犯病了。

人的不良行为习惯，总会使人越来越不正常，严重的还会导致心理和精神疾病，这也是教育者总是不厌其烦地纠正和抑制孩子不良行为的原因。

人生在世，只有正善才能益身养心，因此正善之人根本不可能患上心理和精神疾病，因为至高无上的道始终如一地在滋养他、呵护他，只能越来越好，怎么会出问题呢？

在现实生活中，有一部分孩子，在不正当的欲求被父母拒绝时，就会采取歇斯底里哭闹、打滚、撒泼等行为，逼迫父母就范。孩子的歇斯底里，最初只是作为满足欲求的一种尝试手段，如果父母智慧不足，缺乏有效应对策略，让孩子的极端行为屡屡奏效，孩子的歇斯底里行为就会因不断重复和强化而形成习惯，成为他日后为满足欲望首选的行为模式。

孩子哭闹实属正常，但是不顾一切、不分场合地撒泼或歇斯底里就肯定不正常。

孩子之所以会出现极端情绪化的歇斯底里行为，有如下五个方面的心理动因：

一是爱的缺失。孩子自幼缺爱，情感需求得不到满足，内心存在严重不安全感，怕被抛弃，怕被忽略，怕不被认同和关注。

二是父母缺乏孩子养育经验，不知道怎么教育孩子，更没有相关智慧和原则，只是随性而动，不去关心孩子的心理需求。

三是父母性格软弱，面对孩子的歇斯底里行为束手无策，为了制止孩子的这种极端行为，只有被迫满足他，于是又进一步强化了孩子的这种行为。

四是孩子通过学习获得控制父母、引起父母关注、把父母留在自己身边并满足自己要求的方法，在得到强化之后，一旦自己的需求得不到满足，便会不分场合、不分对象，实施越来越严重的歇斯底里行为。

五是父母管教孩子的方式往往是批评多、指责多、否定多，情绪化对待的多。

孩子的歇斯底里行为，往往只针对父母或养育他的人，对其他人则没有类似现象。因为他知道，对其他人歇斯底里没用，相反会招来惩罚或伤害。他就是利用亲人的心软，亲人的疼爱，亲人的无可奈何，亲人的顾及脸面和息事宁人的心态，通过极端手段逼亲人就范，以达到控制亲人的目的。可悲的是，孩子的欲望和需求，会随着年龄的增加而无止境地增长，家长永远也不可能使孩子的欲望得到彻底的满足。而且，养成歇斯底里习惯的孩子，在走上社会之后，歇斯底里的习惯会泛化到人群和社会中，甚至堕落为不正常或有精神障碍的人。

为了及时抑制并消解孩子的歇斯底里行为，家长务必坚持原则，可以实施如下六个方面的综合整治措施：

第一，做个学习成长型家长。父母首先要学习成长，学会如何关爱孩子，如何养育孩子，如何把内心的爱传递给孩子，并让孩子感受到，让孩子的情感需求获得满足，这是前提也是核心。

第二，坚持原则不改变。无论孩子怎么歇斯底里，无论孩子怎么折腾，就是不满足他的要求。也就是说，但凡通过歇斯底里行为要我满足的东西，统统不允许，而正常状态下的要求，不但给予满足，而且给予表扬和鼓励。

第三，坚持习惯改变 21 天法则。坚持 21 天或一个月让孩子待在家里。只要孩子出现类似歇斯底里行为，只在家里解决，不让外人知道或看见，这是对孩子和家长最大的保护。

第四，坚持情境抽离法则。当孩子出现歇斯底里行为时，家长要坚决面无表情、不理不睬，立即从孩子身边离开，摆脱孩子的无理纠缠。也就是说，一定要中断孩子哭闹父母哄骗的互动模式。不给孩子互动的机会，让他的歇斯底里失去维持的力量和条件。家长务必保证，只有在孩子不哭闹时才开始理会他，跟他讲道理，否则，一概置之不理。让孩子意识到：他的歇斯底里是没用的，是得不到任何好处的。

第五，坚持欲望满足的百分比原则：即时满足占 70％，延时满足占 20％，永远不满足占 10％。能够满足的，应当立即满足；需要延时满足的，则有条件分时候满足；永远不能满足的，无论如何也不给予满足。

第六，坚持正面鼓励和强化。及时奖励孩子的正常行为，平时以积极正面鼓励的话为主，避免批评、指责和否定等消极语言和情绪。

家庭教育是一个以正善为核心的综合系统工程，以正善的培养和塑造为根基。家长在养育孩子的过程中，只有真正做到守正养善、驱邪避恶，才能让孩子的德性之根成长壮大，人生之树根深叶茂、开花结果。

07

孩子离家出走
谁之过？

人往往就是这样：一朝被抛弃，终生要流浪；一朝边缘化，一生边缘人；一日离家出走，一生难以回头。

幸福快乐优秀的孩子通常不会离家出走。没有孩子愿意离开父母、离开家到外面世界去流浪。但凡离家出走的孩子，通常都是缺乏父母的温暖和关爱，在家不舒心、不自由、不快乐、不幸福。他们之所以要离开，是因为他们身心无所住，不得不离开。

习惯离家出走的人，往往思想偏执、性格怪异、行为偏激，让人难以理解和接受，由于总与他人格格不入，无法与群体相融，最终会被群体边缘化，成为生活的弃儿。

那些流浪于社会边缘的弃儿，有的属于被家庭抛弃，有的属于无家可归，有的则是自己抛弃自己。离家出走的人，就属于自己抛弃自己的人。那些自己抛弃自己，宁愿饿肚子、睡大街、住桥洞也不愿意回家的人，都存在一定的心理和认知障碍。难道饿肚子真的会比吃饱饭更好？睡大街、住桥洞真的会比家里的床更舒心、更暖和？外面的世界真的会比家里更温馨、更美好？外人真的比父母更亲近、更温暖？显然不是！

家本来是最温暖、最安全、最舒心、最自在、最快乐幸福的场所，然而孩子根本感受不到，却以流浪、居无定所、吃上顿没下顿、与大街桥洞为伍为快乐，这能是正常人、聪明人吗？

但凡孩子能感受到父母的爱和温暖，在家能有安全感，谁会选择离家出走？安全感的缺失，或者说爱的缺失，是孩子离家出走最根本的原因。

离家出走的孩子，是伤透了心、凉透了身，身心在家无所住，出于生存的本能，才去外面流浪漂泊，试图找到温暖和依靠。他们通过伤自己的心，痛自己的神，折磨自己的身，来变相地惩罚报复父母、折磨父母，是极端叛逆的表现，也是对父母之爱的最强烈渴求。

孩子离家，离的不是家，而是心；出走，走的不是身，而是魂。孩子心离魂走，怎么可能不离家出走呢？

离家的孩子回家，是心回魂归，如果心魂没有回归，形骸就是整天待在家里也无济于事。因此，离家出走的孩子并不是身子回来了就是回家了，只要心没回魂没归，身子回来就还会走，因为人的身子总要回到心和魂的皈依之所，而不是家！

孩子为什么要离家出走呢？都是孩子的问题和过错吗？事实恰恰相反，孩子离家出走，都是家长的问题和过错，孩子犯错是因为家长，孩子学坏也是因为家长，孩子是无辜的，把一切都强加给孩子，对孩子是不公平的。家长对待孩子的方式方法不改变，亲子之间不能修通爱的连接，不能给孩子足够的安全感，孩子的离家出走问题就不可能得到根本性的解决。

08

孩子为什么
会早恋?

什么是恋爱? 恋爱是指男女之间建立在爱情基础上的相互吸引、爱慕和交心。恋爱是以尊重平等为前提,以未来为期许,以婚姻为目标,以责任和担当为使命,互相扶持、互相成就、共同进步,绝不是肉体上的迷恋和生理需求的满足。

恋爱是神圣的,也是崇高的。对于未成年的孩子而言,他们根本不懂得什么是爱情,不懂得什么叫婚姻,不懂得什么叫未来,更加不懂得什么叫责任和使命,何来恋爱之说呢? 充其量只是一种生理性本能的吸引和迷恋而已。因此,家长和老师,千万不要轻易给孩子贴上早恋的标签。

家长和老师所认为的早恋,只是男孩女孩喜欢在一起,与小孩过家家没什么本质区别。孩子过早地被异性吸引和迷恋,要么是出于好奇,要么是出于荷尔蒙的催动,要么是学习模仿成人男女之间的交往,要么是出于好玩、显摆或快乐,要么就是寻求内在缺失的替代性补偿。总而言之,这些和爱情、婚姻、未来、责任和担当没有任何关系。

家长和老师不能完全杜绝男孩和女孩之间的正常交往,因为那样总是适得其反;也不要对男孩钟情、女孩怀春大惊小怪;更加不能把男孩女孩之间的纯粹性模仿、好奇和玩乐当成早恋。理性客观地对待男孩女孩交往问题,智慧地发现并疏导男孩女孩交往过程中出现的问题或不良征兆,防止孩子冲动迷失,是青春期孩子家长最重要的职责和使命。

一般来讲,女孩早恋,与父亲有很大的关系;男孩早恋,与母亲有很大的关联。无论男孩还是女孩,只有和父母建立亲密无间的情感依恋关系，才具有稳定持久的安全感，才不会因为情感、爱或安全感的缺失而不得不从外界寻找和获得。内心充满爱和安全感的孩子，在其成长的过程中，父亲就是女儿男性的化身，母亲就是儿子女性的化身，他们会无意识地把父母的价值观内化为自己的价值观，由于内在一切具足，因此根本不需要向外界寻求并获得什么，早恋的可能性就极小。

对于男孩女孩因好奇、冲动或快乐而出现的早恋征兆，往往比较容易处置和解决；对于因内在缺失替代性补偿而出现的早恋征兆，则相当棘手。因为替代补偿者具有疗伤和情感寄托功能，极容易使孩子深陷其中而不能自拔。

孩子之所以会出现替代补偿式早恋，主要原因就是内在情感或爱的缺失。孩子是随性的，是受成长本能欲求支配的，他们是真正意义上追求快乐、逃避痛苦的践行者。人，最无法割舍的，是真正懂他、疼他、爱他的异性。当孩子因情感或爱的需求而长期得不到满足时，内心就会始终处于饥渴状态，他为了获得内心渴求的满足，获得关爱和温暖，就会想尽一切办法去追求。而此时如果有异性恰恰能够给予他恰当的补偿性满足，他就会不顾一切地痴迷或迷恋，甚至发展成不是恋爱的早恋。

如果孩子真的产生了替代补偿式早恋，那么就向家长传达了一个强烈的信号：这就是我需要的，我需要爱，需要温暖，需要得到关心和呵护。但我现在没有，我就只能从别处寻找，从别处获得。对于这类孩子，家长如果想强行中断他们之间的情感依恋关系，那么往往会让他们更加亲密不能分离。此时家长需要做的，就是反思和检讨自己，通过自我的改变，让孩子重新感受到渴望已久的家的温暖和爱的亲密。只有这样，孩子才会自觉放弃早恋对象。

如今的父母，往往更多地关心孩子的学习和生活，忽略孩子内心的想法和感受，忽略最重要的亲子情感依恋关系的建立和经营，忽略和孩子的沟通，因此，关注孩子内在需要并及时给予满足或补偿，加强情感和爱的沟通，是解决孩子早恋问题的根本性举措。

09

家庭教育的
问题模式

在中国，有一个非常有意思的现象：家长通常都习惯性地关注孩子的缺点和问题，而忽略孩子的优点和长处。以问题为中心或出发点的家庭教育，称为家庭教育问题模式。

通常情况下，家长越关注什么，孩子往往就强化并发展什么。问题模式的教育中，家长所关注的是孩子的问题，因而无形中重复并强化了孩子的问题，削弱并埋没了孩子的优点。因此，家长是孩子出现问题的始作俑者，孩子的诸多问题，都是家长过度关注造成的。

当孩子的问题被不断强化发展，到了令家长忍无可忍，甚至蒙羞的地步时，家长就会毫不犹豫地对孩子的问题实施强行处置和纠正，不管孩子愿意还是不愿意，能改变还是不能改变。

也就是说，家长一手构建了孩子问题的大厦，然后还要亲手将它拆除。房屋或其他无生命的事物可以随意构建或拆除，但孩子的问题是建立在孩子身心基础之上的，早已成了孩子生命的一部分。所以说，孩子的问题，不是家长说建就能建，说拆就能拆的。

头痛医头，脚痛医脚，针对问题处理问题，是家长自然本能的问题处理模式。对于人而言，自己制造的问题，自己往往是解决不了的，只有超越问题，才有可能解决问题。家长自认为是孩子的生养者，便理所当然主宰或控制孩子，然而孩子问题的改变，与家长的意志和愿望无关，家长如果主观妄为，非但解决不了问题，反而会使问题越发严重。

《道德经》中讲："为之于未有，治之于未乱。"任何事物，只有在其弱小或萌芽的时候，才最容易控制和纠正，一旦它长大变强，再想控制或改造它，往往极端困难，甚至根本不可能实现。所以，对待孩子的问题，只有在孩子问题初始阶段或萌芽时期着手控制或纠正才是最有效的。

对于孩子的问题，家长必须遵循初始控制原则，力争把问题扼杀在萌芽状态；而当孩子的问题发展壮大之后，就需要遵循主导控制者改变法则，即通过家庭教育的主导者——家长的率先改变，来影响和带动孩子跟着改变。那种家长不做任何改变，却强行要求孩子单方面改变的行为，是不会达到预期效果的。

对人的教育是世界上最复杂、最深奥的事业，必须谨慎、严肃和认真，万万马虎不得。

家庭教育应当抛弃问题模式，实施优胜教育模式，这样才能真正把孩子培养成德才兼备的栋梁之材。

10 敬畏心，孩子生命的保护神

人相对于细菌和病毒，确实硕大无比；但是相对于地球，就很渺小；若相对于太阳，就更加不值得一提；甚至相对于银河系、河外星系、星云等巨大天体，渺小到连一粒尘埃都算不上。

在地球上，人类似乎感觉自己是主人，但是一旦离开地球，人便丧失一切优势，甚至连最引以为豪的智慧也没有了用武之地。

人的生命是很脆弱的，即便是渺小的细菌和病毒，也能轻易害人性命，何况是各种天灾人祸呢？面对来自身边无所不在的危险和祸患，人若没有敬畏心，想好好活着都不容易，何谈前途和未来呢？强壮智慧的成年人，尚且时时心存敬畏，更何况弱小而又不成熟的孩子呢？因此，敬畏心才是孩子生命的保护神！

人有敬畏心，才能时时事事小心谨慎，不敢胡作非为，因而能够最大限度地避免各种危险和伤害，使身体和生命得到很好的保全。家庭教育的首要任务，就是培养孩子的敬畏意识、敬畏观念、敬畏心和敬畏习惯，因为无论成人还是孩子，首先要能够确保身体健康不受损害，生命安全有所保障，其他的一切才会存在可能，一旦健康受损，或者生命遭到威胁，什么都将变成虚无。生命的意义和价值，全部都是构建在身体的保全和生命的存在基础上的。没有身体和生命，一切都将无从谈起。

常存敬畏之心，是人立身处世之道。人有所敬畏才有所收敛，才能成就完美的品德和功业，否则就会无所不为，以致道德沦丧、功败垂成。敬畏，是指含有敬意的害怕和恐惧，并非纯粹意义上的害怕和恐惧。孔子曰："君子有三畏：畏天命，畏大人，畏圣人之言。小人不知天命而不畏也，狎大人，侮圣人之言。"天命，是指自然规律，即天道；大人，是指德高望重、德才兼备的人；圣人之言，是圣人留下的言论，是圣人智慧的结晶，是做人做事的指南。敬畏自然规律，敬畏德高望重的人，敬畏圣人之言，可以让人少走弯路，更好地修德塑才，建功立业。

家长是孩子第一任老师，也是起决定作用的老师，有什么样的家长，就会有什么样的孩子。因此，家长要培养孩子的敬畏心，首先自己要有敬畏心。家长如果没有敬畏心，只想让孩子有敬畏心，那就是天方夜谭。

培养孩子的敬畏之心，就是让孩子感召并获得生命之神的保护！

11 理性智慧的障碍及对策

教育需要理性和智慧，然而理性和智慧，却并不是人想要就有，想用就用的。感性灵动的人类，无论身体、心理还是精神，都会随时随地受到各种各样内外因素的影响，受到七情六欲的扰动和激荡，进而导致喜、怒、哀、乐的情绪波动，甚至冲动暴怒、极端疯狂。

当人处于极端的情绪状态时，感性本能就会直接取代理性智慧，使人理性丧失，智慧全无。因此，理性智慧的直接障碍是感性情绪，深层障碍是本能和习惯。

人如果不能管理感性、控制情绪，就没有理性和智慧；如果不能养成良好的习惯，也就没有理性和智慧。若有若无的理性和智慧，表现在家庭教育上，就是教育的若有若无，这是家庭教育麻烦不断、问题多多、是非无穷的关键所在。

如何让理性成为主导，让智慧成为财富呢？管感性、控情绪、去本能、塑习惯是不二法门。

管感性，即管理自身以眼、耳、鼻、舌、身、意为核心的信息感知觉系统，吸收和接纳各种积极的信息，排斥和拒绝各种消极的和极端的信息，使身心在正善的环境系统中蓬勃发展。

控情绪，即控制自己的情绪，用积极的情绪取代消极的情绪。以"清、静、和、缓"为指导原则，凡事清明一些，静定一些，和悦一些，迟缓一些，情绪就不会大起大落。

去本能，即抑制和削弱本能反应。人的本能，是潜意识自动自发的联动反应，是不受意识控制的，因此也是人不能觉知的。本能反应需要人感性和情绪的触发。而触发本能反应的，通常都是感性情绪中消极或极端的信息。因此，管理好感性、控制好情绪，让积极信息大行其道，让消极或极端信息无处染身，人的本能就自然得到有效抑制和削弱。

塑习惯，即培养和塑造积极的习惯。人的习惯是根植于潜意识自动自发的行为模式，一旦形成，便不受意识控制，自发运作流转。人的言谈举止具有单一性，即当下只能有单一性质的言谈举止存在，不可能同时存在两个或两个以上不同性质的言谈举止。因此，当人养成了好习惯，坏习惯就没有了容身之地。人的不良习惯不能根除，只能用好习惯替代，这是改变习惯的基本原则。

当人的感性、情绪、本能得到管理和净化，好习惯得以养成时，理性和智慧就会自然呈现，家庭教育也会自然回到正轨，根本无须刻意追求。

12 隔代教育
问题浅析

子女有了孩子，就把孩子全权交给父母抚养的，都属于隔代教育，其中留守儿童是隔代教育的典型代表。

隔代教育最大的隐患是亲子之爱连接出现障碍，导致孩子安全感构建困难。孩子一旦安全感缺失，心理和人格的构建就会出现根本性的问题。孩子的心理和人格一旦出现问题，就很难解决。

隔代教育的另一个不容忽视的问题是不养而教。对于孩子而言，通常是谁抚养谁管教，没有抚养他就不服管。亲生父母没有抚养孩子，却要管教孩子，这对孩子来说是不能接受的。孩子不服管，亲生父母又要强行管，结果可想而知。

隔代抚养的第三个问题是孩子的爷爷奶奶/外公外婆都已进入老年，他们身上大多没有年轻人的朝气、活力和冲劲，孩子受到他们的言传身教，会保守有余而创新不足，老气有余而活力不足，谨慎有余而冲劲不足，这对孩子而言是巨大的损失。

隔代抚养的第四个问题是老人对孩子宠爱有余，管教不足。有哪个爷爷奶奶/外公外婆能够狠下心来管教孙子孙女呢？即使严格管教，但稍不注意方式方法，就会引起孩子父母的不满。因此，隔代教育最难的是老人，他们根本无法把握好管教孩子的尺度和分寸：松了，人家会说娇惯溺爱孩子；严了狠了，人家说老人不通情理。隔代教育不利于孩子成长，孩子在爷爷奶奶/外公外婆管教的矛盾纠结中成长，很难树立明确的世界观、价值观和人生观，无论来自祖辈还是父辈的爱，都飘忽不定、时断时续，这对孩子是最致命的伤害。

隔代教育的第五个问题是，当孩子在外面遭受不公平的待遇或暴力欺凌时，爷爷奶奶/外公外婆没有能力保护孩子，为孩子伸张正义，提供强有力的支持，或第一时间化解矛盾，抚平孩子心灵的创伤。孩子的心灵创伤得不到及时合理的处置，就会不断积累发酵，最终毒害孩子的身心，不利于其健康成长。

隔代教育的第六个问题是孩子在青春期的发展阶段缺失了最可靠最坚强的后盾。因为由爷爷奶奶/外公外婆抚养长大的孩子的情感都寄托在爷爷奶奶/外公外婆身上，当孩子进入青春期之后，爷爷奶奶/外公外婆大多年老体衰、自顾不暇，如何能为孩子保驾护航，充当孩子的坚强后盾呢？尤其是当爷爷奶奶/外公外婆重病加身、生活不能自理，甚至去世时，情感寄托的断裂，并不是一般孩子所能承受的。孩子在人生的关键时刻，遭受到情感寄托丧失的打击，后果是难以想象的。

总而言之，父母直接养育孩子是最理想的。隔代教育虽然问题多多，但因人而异，不能给予全盘否定，有时候，隔代教育也可培养出英才。

13 叛逆，孩子
成长的诉求

俗话说：哪里有压迫，哪里就有反抗；哪里有约束，哪里就有叛逆。

孩子的叛逆，多源于家长无所不在的管束与控制。家长对孩子管束和控制越严，孩子叛逆就越严重。叛逆，是孩子成长的诉求，独立的冲动，自主的争取，心理的呐喊。

在控制型亲子关系中，孩子小的时候必须依赖父母，这时，孩子往往被动地服从管控，此时家长的管控是有效的，亲子关系也是稳定的，属于控制与被控制、依赖与被依赖的关系。孩子自小在家长的高压管控之下，失去了自我管理的经验和能力，并且习惯于被管理、被控制，同时也形成了被动、懒散等消极的人格特征。孩子进入青春期后，身心逐渐发育成长，自我意识开始觉醒。受到本能的驱使，他会不由自主地寻求独立和自由。而家长长期的高压管控，恰恰是他自我意识觉醒的阻力，所以摆脱家长的控制和管教，是这个年龄段孩子强烈的心理需求。往往家长控制越严，他们叛逆就越严重。严重者会通过不学习、学坏、和家长对着干和自暴自弃等手段，来反抗家长的管理和控制，这本质上是对家长严格管控的报复。这种情况实际上是提醒家长：这种管教模式行不通，需要改变了。

在古代，孩子的叛逆没现代那么明显和严重，甚至可能没有叛逆之说。究其原因，家庭贫穷落后，孩子多，家长对孩子放任、管束少是不可忽视的因素，但孩子自小不得不参加劳动，着力于洒扫应对、守规矩、合礼仪和行正道，才是无叛逆或叛逆程度轻最为关键的原因。

文明文化、伦理道德、风俗礼仪等，都是建构在正善基础上，以劳动实践为核心的规则和规范，属于人间正道。孩子不走正道，家长管束控制越严；家长管束控制越严，孩子的自由空间越小，压抑程度就越深。自由、自主和独立，是孩子成长的本能欲求，被家长压制的孩子，能且只能通过叛逆、对抗或离家出走来为自己争取自由和独立、自主和空间。

改革开放以来，农村城镇化、城镇城市化，使越来越多的人离开农村、土地和自然，聚集在钢筋水泥构建的拥挤而又极度陌生的狭小空间里，科技的飞速发展，物质的极大丰富，人工智能的广泛普及，使人们尤其是孩子脱离了劳动。劳动使人充实，获得生命的意义和价值；享受则容易使人空虚。新时代的孩子，除了学习、学艺之外，几乎没有什么事情可做。不学习、学艺又闲而无事，就容易通过无事生非来寻找存在感和乐趣。而孩子无事生非，恰恰是家长最害怕、最不能容忍的，于是乎，孩子越胡闹，家长越害怕，管束就越严厉；家长越管束，孩子就越压抑，越没有自由，自然也就越叛逆，如此恶性循环，没有终了。

所以，孩子叛逆与家长教育方式不当、错爱、包办替代、纵容溺爱有关。因此，对严重叛逆的孩子，只能用正善来规范，用爱来浇灌，用劳动实践来磨炼，只有这样，孩子才能真正地成长和发展，才能成人成才。

家长由控制转为慢慢放手，直到完全放手，这才是对孩子真正的爱。

亲情血浓于水，
为何形同陌路？

血浓于水的亲情，剪不断，理还乱。

所谓亲情陌路，本质是亲子之间心相离，身相隔，是亲子关系出现问题，导致爱和情感不能连接和交流，误解和障碍不断加深的缘故。

亲子之间形同陌路，是爱的言谈举止变形异化，使双方不能相互理解、相互接受、进行沟通、互动导致心障碍、身隔阂。

许多家庭教育问题，都是亲子关系问题的不同表现；亲情陌路，大多是爱的错行的不同表达。

爱本身是自然、无私而又伟大的，因此，尽管亲情陌路，但依然情深似海，这是爱的疏离和创伤能够被修复的根源所在。

明白了陌路亲情的根源，解决陌路亲情问题，将不再是难事，甚至使爱暖如初。只要修通亲子之间爱的连接，温暖的亲情就能瞬间实现回归。

亲子之间爱和情感的修通，首先要求家长守正养善，用正善来规范自己的言行；其次要求家长给予孩子积极的关注和肯定，避免消极的批评、抱怨、责罚和互动，使孩子本能的自我防御系统无法启动，让冰冷、对抗和冲突断根失源；最后要求家长能自觉主动地放弃功利和攀比，还孩子一个温暖和乐的成长环境，让孩子在爱的滋养和浇灌下，健康快乐、自主地成长和发展。

孩子的未来不是家长刻意安排强求获得的，而是孩子在爱的阳光下茁壮成长成的。没有阳光，小树苗不能长成栋梁之材；没有爱的阳光，孩子如何成人成才？

爱是阳光雨露，错爱是冰雪寒霜，孰优孰劣，不言自明！

亲子战争 谁能赢？ ⑮

家庭是讲爱的地方，是讲亲情的地方，是讲和谐的地方，不是战争的地方。亲子之间一旦发生战争，就说明家庭教育已经出现大问题，用常规方法和手段难以解决问题。

家庭战争真的能解决家庭教育问题吗？恰恰相反，战争非但不利于问题的解决，反而会使伤害更深，问题更加严重，更加难以解决。

但为什么明知战争会互相伤害，不能从根本上解决问题，却依然毫不犹豫地发动家庭战争呢？大致是因为在所有解决问题的方法中，只有战争最直接、最能解决当下的问题。

当下的问题解决了，就可以一劳永逸了吗？每一次通过战争解决的问题，都只是感觉上的舒缓和情绪上的发泄，实质问题丝毫没有解决，反而因超强度的强化而更加根深蒂固。

虽然家庭战争的结果往往是两败俱伤，但受伤害最大的，一定是孩子。孩子即使赢得了战争，却是以损害身心健康的方式赢得的，很少有能够通过建设和成就自己的方式来赢得战争。赢得了战争却丧失了亲情，赢得了战争却伤透了父母，究竟是赢还是输？

由于家庭中长期存在无法容忍的问题，在问题不断积累，情绪不断恶化，压力不断增加，底线不断突破，理性智慧逐渐丧失的极端情况下，为了获得心理的短暂平衡，亲子间本能地选择冲动和爆发。这不是当事人想不想、愿意不愿意、能不能控制的问题，而是心理上被逼入绝路的必然选择。

家庭教育的主导者是家长，因此解决亲子战争的关键在于家长，而

重点分析
明辨是非

——

第三章

一

149

不是孩子。家庭战争是一种针尖对麦芒的冲突和互动，家长只要能够自始至终做一个吸水海绵，做一个超厚柔软的棉纱，能够把来自孩子的一切攻击力量化解于无形，这样战争就不会发生了。

亲子之间无论怎么伤害、怎么争斗，亲子之爱、亲子之情都一直存在，不会改变。亲子之间只要修通爱的连接通道，使爱无障碍地流动，那么亲子之间的坚冰就会瞬间消解，亲子问题就能得到快速解决。血浓于水的亲情无法割断，这就是亲子问题能够解决，而且一定能够解决的依据。

亲子之间爱的连接和流动，本来就是自然而然的，家长只要能够抛弃执念，抛弃各种各样的刻意和强求，回归内在的本真，让爱自然地流淌，那么亲子之间任何问题都将不再是问题，一切争斗都将消失。

因此，理性智慧的家长，总会以平等和尊重为原则，竭尽全力来浇灌和培养孩子，把孩子当成生命传承的新生力量，用孩子的成人、成才、成功，为自己及家庭添砖加瓦，成就多赢的幸福人生。

伤害与报复 的轮回 ⑯

　　自然界的生命体，都是在遗传基因的主导和控制下，按照自身的发展规律生长繁衍的。也就是说，任何生命都有其自身成长的密码、规律和力量，只要外界条件适合就会生根发芽。

　　人作为自然界中处于金字塔顶端的生命体，在拥有完整肉体的同时，还拥有至高无上的思想和精神。幼年时期的人，往往更容易受到伤害，更容易因伤害而出现问题，因而也更加需要周到可靠的保护。

　　父母在养育孩子的过程中，务必遵循人肉体和精神的成长和发展规律，不能主观妄为。父母对孩子任何形式的一厢情愿，主观刻意，大都会直接或间接地伤害孩子的身心健康，造成无法逆转的后果。

　　当一个人的整体机能遭到破坏，导致畸形发展，必然带来一系列成长问题，所有因畸形发展所造成的后果，统统由本身来承担。当生命体不堪畸形之重时，迫于本能，就会采用可能的手段和方法，从外界获得补偿。这种非正常的手段和行为，无形中成为伤害和报复。

　　人对人的伤害，无论有意识还是无意识，无论身体上还是心理上，都会给被伤害者内心留下深深的印记，如果不能很好地平复和排解，人就可能会在以后的人生历程中实施报复。报复分为直接报复和间接报复，这是一种因果循环，或者说是伤害和报复的轮回。凡事有因必有果，好因结好果，恶因结恶果。人生在世，每个人都需要为自己的所作所为负责。

　　所以说，一个家庭出现巨婴、坏孩子或不肖子孙，并不是命运弄人，本质是家长在孩子小的时候，无心或有心对孩子强加意志，造成无法逆转的伤害的结果。受到家长伤害的孩子，会通过种种方式，对父母实施回向性报复，这是对家长无知和主观妄为的惩罚。从这个层面上讲，家长受到孩子的惩罚或报复是自己一手造成的，这是真正的自作自受。

对那些遵循生命成长规律，给予孩子最适合成长的环境和条件的家长，自然会收获孩子的成长甚至成功。而那些阻碍或伤害了孩子的健康成长，造成孩子身体或心理畸形的家长必然受到孩子不能正常成长所带来的惩罚和报复。

可见，只有遵循生命成长的规律，科学规范地养育和教育，才是最完美的教育。

慎待孩子
的饮食 ⑰

有人说，孩子吃饭睡觉有什么好担心的，饿了就吃，困了就睡，一切自然而然。问题是，很少有家长能够做到让孩子饿了才吃、困了才睡，总是为孩子的吃饭问题劳心费神。通常情况下，不是孩子饿，而是家长饿；不是孩子冷，而是家长冷。家长把自己的感觉当作孩子的感觉，把自己的需要当作孩子的需要，把自己的愿望当作孩子的愿望，无论孩子需要与否、适合与否，他们都一厢情愿、执拗地坚持自己的所思、所想和所做。

本质上，无论吃饭、穿衣、玩乐还是睡觉，顺应孩子天性和体质才是最好的。只要家长不自以为是，违背孩子意愿、天性及特点，不把自己的主观意志强加给孩子，孩子通常都不会出什么问题。这些问题的罪魁祸首，不是孩子的自然的成长，而是家长无条件、无原则的意志强力。

比如孩子偏食、挑食、厌食等问题，是当今令家长头疼的基本问题。家长越想让孩子吃好，孩子就越是难以吃好；家长越是精心为孩子准备营养丰富的美食，孩子却越是钟情于市场上随处可见的零食；家长越是向孩子胃里填食物，孩子就越是吃不进食物。孩子的偏食、挑食和厌食，总是让家长崩溃和疯狂。

导致孩子偏食、挑食、厌食的原因：

一是家长的教养方式存在问题，代替孩子选择食物，对孩子的不良饮食行为不予以制止和纠正，让孩子随心所欲，导致孩子偏食、挑食成为习惯。

二是长期重盐高油培养了饮食偏好，对清淡的食物根本吃不下。

三是家长的紧张、焦虑、不安或过度关心等不良情绪，通过暗示或互动，传递给孩子，影响了孩子的情绪和进食。

四是孩子饮食环境不好，吃饭不快乐、不自由。家长把自己的喜好或意志强加给孩子，或者在孩子吃饭时，总是生气、愤怒、指责、辱骂、责打、否定等，造成孩子每次吃饭都精神紧张、内心恐惧。长此以往，孩子形成饮食性条件反射，只要坐在吃饭桌上，就紧张、难受、痛苦，想逃避，根本没有食欲，对吃饭相当反感。

五是孩子肠胃功能虚弱，胃口不好，导致没有食欲。

解决孩子的偏食、挑食、厌食问题，需要家长和孩子共同努力，而不是单方面的努力和改变。

1. 家长务必意识到，孩子的许多饮食问题都是家长养育方式和认识方面存在问题导致的，只有家长改变，孩子才会跟着改变。孩子也应从思想上认识不良饮食的危害，逐步减少对偏好食物的摄入量，不断增加对不喜欢食物的摄入量，慢慢让自己从内心真正接纳并意识到，吃其他食物对身体有好处，自己也完全能够接受，坚定改掉坏毛病的信心和决心。

2. 家长一定要想方设法为孩子营造宽松、自由和快乐的饮食环境，做到不快乐不吃饭，杜绝边吃饭边教育、边吃饭边对孩子进行语言惩罚，以免影响食欲和乐趣。

3. 家长必须带头坚持科学饮食，定时定量，不搞特殊化，同时严格控制孩子的零食。

4. 对严重偏食、挑食、厌食的孩子，家长只能因人而异，从心理、精神和习惯层面着手，潜移默化，循序渐进地寻求改变，千万不能急功近利，反复无常，更不能惩罚。只有突破心理上和精神上的障碍，培养新的健康合理的饮食习惯，偏食、挑食和厌食问题才能得到根本性的解决。

孩子的饮食，是关乎孩子成长一生的重大问题，家长无论如何也要重视。家长培养孩子科学、健康、合理的饮食习惯，就等于为孩子求取了生命中最重要的护身符，让孩子终身受益。

学习究竟为了谁？　⑱

人类的道德、文明、法律、规范、科学、技术、文化、传统、技能、技艺等，都不是天生具有的，而是必须通过后天学习才能获得的，因此人只要活着，就需要学习。

活到老学到老、终身学习是现代人的选择。

那么，学习究竟是为了谁？本质上，人学习既是为别人，也是为自己！

学习为别人，因为只有学习才能获得知识、技能、生存发展的必备素质和能力。没有人能够一生都不劳而获。因此，学习首先是为了他人，为了付出和奉献，然后换来物质和财富，使自己受益。

学习为自己，因为人要活得有尊严，要活得有意义、有价值，要追求幸福和成功，而这一切，都需要人具备正而善的品性、优良的才能、良好的心理身体素质和完善的社会能力，如果不努力学习，怎么可能做到呢？通过学习，自己拥有利他益物的能力，自己能更好地生存和发展。因此，学习最终是为了自己。

如果孩子为家长而学习，那么学习就变成功利式交换，孩子学习不好，责任不在孩子，而是家长不尽心、不尽责；孩子取得一点儿成绩，有了一点儿进步，就趾高气扬甚至开始和家长讨价还价，以学习成绩作为自我炫耀和欲望满足的筹码，其结果可想而知。

学习是为了自己，孩子如果不解决这个思想认识的问题，就很难拥有正确的学习态度。

孩子学习为自己，家长也不例外。家长为了教育孩子而不断学习，

重点分析　明辨是非

——

第三章

—

155

表面上是为了孩子，本质是为了自己。只有家长不断学习以完善自己，才能给孩子树立好的榜样，才能更好地教育和引领孩子，使孩子更加优秀和卓越。孩子优秀卓越、成人成才，家庭幸福美满、兴旺发达是每一位家长的愿望。

认为"学习是孩子的事情，孩子学习是为自己，家长可以不学习，孩子必须学习"的观点和认知是错误的。在家庭教育中，最需要学习的人不是孩子，而恰恰是家长，因为孩子处在成长发育的过程之中，自始至终都在学习。因此，只有家长才会停止学习。

学习不仅是学知识、学才艺，还有诸如道德、生活、礼仪、规范、社交、风俗习惯等基本素质和能力的学习。仅仅成绩好并不是万能的，知识和才艺并不能解决人生的所有问题。

在日新月异、瞬息万变的现代，无论年老还是年少，无论家长还是孩子，都需要学习，也必须学习。为了自己、孩子、家人、家庭的幸福和未来，家长和孩子都必须努力学习，而且一定要终身学习！

"压力山大"的
独生子女

(19)

生命，因繁衍而得以延续，因延续而得以传承。生命的延续一旦中断，就意味着该基因的灭绝，这是生命最深切的恐惧。

植物、动物由于没有思想的能力，因而只能专注于当下，以求得当下基因最大限度的延续和传承。人类由于有思想、有智慧、有主观能动性，能够记住历史，预测未来，因而既能活在当下，也能追求未来。人类对未来的恐惧，就是对基因延续和传承的恐惧。

独生子女，是中国计划生育所造就的一种独特的现象。由于一个家庭只有一个孩子，所以家长对生命的延续和传承没有选择，只能赢不能输。世界上本来就不存在只赢不输的事情，家长一定要赢，除了竭尽所能，还能有别的选择吗？

家长怕输、不敢输的焦虑和恐惧，在独生子女教育上表现得淋漓尽致。

但凡讲求输赢必显功利，加之现在人类对物质追求更高，功利教育越来越成为家长教育子女的必然选择。

在功利攀比下，各种急功近利、追求速成、盲目跟风等教育乱象，如同雨后春笋般地发展和壮大，使得孩子小小年纪就不得不担负起各种各样攀比的重任，承受前所未有的压力和无助。

独生子女是最难的、最累的，也是最混乱、迷茫的。第一代独生子女尚且轻松，因为他们虽然是独生子女，但是由于父母的兄弟姐妹比较多，同辈的独生子并不孤单，没引起长辈们足够的重视。第二代独生子女就不同了，他们是父母、祖父母、外祖父母六人的希望和未来。家庭和基因的延续是人的本能，所有长辈都希望自己的后代优秀卓越，使自

重点分析 明辨是非

——

第三章

——

157

己的基因能得到很好的延续和发展。因此，为了培养和教育唯一的孩子，六个长辈的目光、财富和能量全部聚焦在一个人身上。于是乎，独生子女，一方面在物质、需求和关爱呵护方面得到前所未有的极致满足；另一方面，在六个成人的绝对关注下，孩子几乎丧失了自我成长和发展的独立时间和空间。仅仅来自父母的管束和压力，孩子已经难以承受，更何况还有祖父母、外祖父母的期望和干预呢？

独生子女好，三个家庭就好，六个长辈就好；独生子女差，三个家庭就差，六个长辈就面临希望丧失。独生子女，是家庭好坏的晴雨表，孩子一丁点儿的问题，都会被无限关注和放大，从而导致父母、祖父母、外祖父母焦虑紧张。孩子成长的世界，完全被焦虑和紧张所控制和包围，于是自然而然地就感染了焦虑和紧张。更为严重的是，长辈们的焦虑和紧张只是一个人的，而孩子的焦虑和紧张不仅是自己的，还有来自六个长辈的叠加。通常情况下，面对孩子的问题，家长越关注、越焦虑、越紧张，就越会强化问题的存在感，使问题难于解决。

孩子问题越严重，家长就越焦虑、紧张和恐惧，为了促使孩子解决问题，就会不由自主地强行控制和强加意志，使孩子的压力更加沉重，一旦稍有风吹草动，就会把孩子压垮。

家长越干预、控制孩子，孩子越累；孩子越累，越难学好；孩子越不学好，家长也越累，恶性循环。

独生子女，只能好，不能不好；只能没有问题，不能有问题。这种没有任何选择，只能赢不能输的极端现象，是一种家庭传承的恐惧，一种对基因延续的恐慌，一种对生命不确定感的惊惧，一种安全感丧失的无助！

人往往都是这样：安全感越强，身心越放松安定，对外界的干预和控制越少；安全感越弱，身心越焦虑紧张，对外界的干预和控制越多。人越是缺少什么，就越会追求什么；而越是追求什么，越难得到什么，人总是在无止境的追求中迷失自我，越陷越深，不能自拔。

最为后患无穷的是，无论成人还是孩子，在持久不断的紧张、焦虑、恐惧和压力中，身心会慢慢失衡，进而出现各种各样的心理问题和疾病。

孩子是不能被控制和强迫的，不能用紧张和焦虑强求的，更不能用来追名逐利，而要用爱、温暖、自由、快乐和教育来成就，给予孩子过大的压力，对孩子是有害的。

易子而教，是中国古代传统的教子模式。

古人为什么不教自己的孩子，反而选择培养和教育别人的孩子呢？易子而教为什么在中国能延续几千年呢？因为教好别人的孩子容易，教好自己的孩子困难。

《说文解字》中讲："教，上所施，下所效也；育，养子使作善也。"教的上施和下效，是正善、理性、智慧、知识、技能、技艺和正能量的言谈举止；育的养子和作善是同步、不可分的，只养不教不是育，只教不养也不是育。上施下效均合于正善，才是真正的教育。父母与孩子朝夕相处，双方的缺点和毛病都一清二楚，双方的软肋都心知肚明，导致施和效异化变质，很难处处合于正善。父母的综合特质影响孩子的综合特质。因此，无论古代还是现代，家长都很难管束好自己的孩子，孩子也很难完全服从于或听命于家长。

人是以自我为中心的，孩子是自己生命的传承，属于自我的一部分。人习惯对别人客观、理性和智慧，唯独对自己主观、感性和愚蠢。人对自己和对他人标准的两重性，决定了人对自己的孩子和对别人的孩子永远不可能一视同仁。人教不好自己的孩子，就是源于对自己放松纵容，对别人严格苛刻，这是任何人难以克服的人性弱点。

易子而教，就是为了孩子的前途和未来，人为地消除人性弱点对自己孩子的消极影响和损害，使孩子不至于因为自己的偏袒、包办、替代、纵容和溺爱而学坏，是一种比较理性的教子模式。

家庭教育之所以成功率不高，主要原因就是孩子自小缺乏师父或老

重点分析
明辨是非

——

第三章

一

师般的客观、理性的教育和引领，导致孩子的本能缺乏约束，欲望难以节制，正善发展不足。

孩子的学习和成长不能没有老师。在教育孩子方面，家长做不了、做不好的事情，家长所欠缺的东西，都必须依靠德高望重的老师。易子而教虽然是特定时代的产物，但却集中展现了古人的教子智慧。现代家长若想拥有古人易子而教的智慧，就必须追求客观理性，弱化主观感性，不断学习和成长，竭尽所能克制人性的弱点对家庭教育的不良影响，只有这样，家庭教育才能步入正轨，家庭教育的成功才指日可待。

尊严，孩子
心灵的福田 ㉑

尊严，是人生命的阳光，心灵的宝藏，人格的守护神。维护孩子的尊严，即维护孩子的面子和自尊，不在公众场合，尤其是在同龄孩子面前惩罚他、让他出丑是合格家长的最基本素养和必修课。

尊重孩子，就是尊重家长自己。如果家长尊重孩子，孩子就能学会尊重别人，同样能够赢得更多人的尊重；如果家长不尊重孩子，那么在孩子的意识里就没有尊重的概念，自然也就不会由衷地去尊重别人。一个不尊重别人的人，自然不会得到别人的尊重。

做父母，是一件十分光荣而神圣的事情。家长给了孩子生命，就要给孩子人格上的尊重，给孩子人的待遇，否则就不配为人父母。生命是平等的，是需要被尊重的。一个没有尊严的人，会把伤害别人，伤害自己当成极为普通的事情。

人活着就有需求。按照马斯洛的需求理论，人的需求，是按照生理需求、安全需求、爱和归属需求、尊重需求和自我实现需求五个层级，由低到高，逐级产生并寻求满足的。也就是说，人在低层次的需求获得满足之后，就会自然而然地产生更高级的需求。

在物质极其丰富的现代社会，尤其是独生子女家庭，孩子的生理需求一般会得到超量的满足，安全需求、爱和归属需求的满足基本不成问题，因此尊重需求的满足就凸显并占据重要位置。家长给予孩子尊重需求的真正满足，让孩子有尊严地成长，成为家庭教育重要的任务之一。尊严，是孩子心灵的福田。

尊严，来自家长把孩子当作与自己拥有同等权利和自由的独立的生命个体。如果家长把孩子当成自己的一部分，或者自己的私有物，或者实现自己欲望或梦想的工具，孩子想要得到家长应有的尊重，几乎没有可能。

强势控制不是尊重，包办替代不是尊重，意志强加不是尊重，纵容溺爱不是尊重，包庇袒护不是尊重，没有原则和规范不是尊重，极端情绪化不是尊重，暴力干涉不是尊重，一厢情愿、主观妄为也不是尊重。无数残酷的现实证明，家长对孩子的上述不尊重行为，必然会对孩子幼小的心灵造成不同程度的伤害，导致孩子成长发育不良，呈现各种各样的问题和障碍。现代社会，之所以越来越多的孩子出现心理问题或人格障碍，多与家长对孩子尊严的无意识伤害有关，与家长对孩子缺乏尊重有关。

家长对孩子的尊重，并不是轻而易举就能做好的，因为家长对孩子的不尊重，往往是沿袭传统、习俗和习惯，是无意识的，是自动自发的。如何把无意识、自动自发对孩子不尊重的传统、习俗和习惯变成有意识、自动自发的尊重，是一个综合的系统工程，家长需要不断学习和修炼，通过自我成长、提升和完善来实现。因此，尊重孩子，绝非嘴上说说那么简单容易，而是要落地生根，应用到家庭教育的方方面面之中才能真正做好。

孩子有尊重的需求，家长就竭尽所能给予满足，孩子尊重需求得到满足之后，就会产生自我实现需求，就能够自然而然、自觉主动地寻求自我实现。

分门别类
弃劣从优

本能式
教养

⑩1

人是感性和情绪化的，受到本能的影响和制约，家庭教育必然深深地刻上感性和情绪化的烙印。受到传统、文化和习俗等的影响，中国式的本能养育，具有典型的中国特色。

跟着感觉走。家长心情好，孩子什么都好，怎么都可爱，养育孩子是一种幸福；家长心情不好，孩子怎么都不好，怎么都不对，养育孩子是一种累赘、一种痛苦。

以自己的意志为转移。家长把孩子当作自己的私有物，任意强加、干涉和主宰，孩子的一言一行都必须在自己的意愿、价值观框架之内，不可越雷池一步。孩子顺应家长的意愿，家长就开心快乐；违背家长的意愿，家长就生气责罚，一切以个人意志为转移。

以养代教，教养不分。家长认为养孩子就是教孩子，教孩子就是养孩子，把教和养混为一谈。不论时间、不分地点、不讲场合、不顾环境，只要吃饱穿暖安全就成。

说坏不说好，言差不言优。自谦，是中华民族的传统美德；自贬或自抑，也是中华民族的传统习俗。受到文化和传统的影响，在公众场合或外人面前，中国家长耻于言说孩子好处，而乐于言说孩子的缺点或不足。即便是在日常生活中，家长也总是习惯性地忽视孩子的优点和长处，关注孩子的缺点和不足。以问题为中心的家庭教育，是中国典型的家庭教育模式。孩子明明已经非常优秀和卓越，家长却总是以问题为中心不停地批评孩子，不肯当众夸奖和鼓励，这是中国式家教的悲哀。

本质上，本能式教养，只能称为抚养式陪伴，并不能称为教育。教

分门别类
弃劣从优

——

第四章

一

165

育是一种文明和文化的教化，不是本能的。文明和文化，并非生而具有，而是需要后天学习和训练才能获得并拥有的。家庭教育属于理性智慧的教化，并不是本能式教养，因此为人父母必须学习和修炼，才有能力做好家庭教育。

讲理式
家教

（02）

　　道理，即道之理，是指事物或论点是非的根据和理由。道理有时指规律法则，有时指规则规矩，有时指事理情理等。

　　讲道理，是家长最常用的家庭教育方法。对于家长所讲的道理，孩子处于弱势地位。因此，对孩子讲道理，通常讲的都是家长的理，而不是孩子的理。孩子不懂大人的理，家长讲了也是对牛弹琴。并不是家长讲多了孩子就会懂理，而是孩子亲身经历和体验后才会明理。对不懂理、不明理的孩子讲道理，就属于空洞的说教。说了不能明白，还要反复地说，就会显得没有人情味。冰冷模式对孩子而言不是教育，而是惩罚，因此说理总是趋向于训导或教训，效果自然差强人意。

　　儿童的成长需要温暖，而不是冰冷。孩子都是感性的，都是顺应本能成长和发展的，需要爱和温暖，需要安全和呵护，需要阳光和雨露，而不是冰冷和惩罚。冰冷，教育不了孩子，只能损害或阻碍孩子的健康成长；惩罚往往诱发孩子本能的防御和对抗，非但不利于问题解决，反而会强化问题的存在。因此，讲理不应当是教育孩子的主要模式，讲理属于言教，自然容易流于空谈。家庭教育的理性模式是爱的温暖模式，这才是孩子健康成长的最好教育。

　　家长对孩子讲道理，适可而止还好，如果过度，非但不能达到预期效果，反而会起反作用，因此讲道理式教育并不是理想的家庭教育模式。

　　道，不是说理，道不是说和讲。能够实证的道理才是真理，只能讲的道理不是真理。

弃劣从优　分门别类

——

第四章

——

167

家长如果确实要对孩子讲道理，就务必把道理跟孩子讲清楚，然后引导孩子亲身经历并体验所讲的道理，只有这样才能事半功倍，否则，家长说破嘴皮也不管用。一旦孩子对家长讲的道理到了心理逆反的地步，无论家长怎么讲、讲什么都无济于事了，这就是为什么有的家长越说孩子越贫的根本原因。

　　道理不可随便讲，讲了就要有用，这是讲道理的基本原则。自说自话式讲道理，纯粹是白费口舌，于己、于孩子都没有益处，因此并不是教育，而是一种徒劳。

　　家庭教育需要讲道理，但绝不能仅仅局限于讲和说，而是要在讲和说的同时，能够引领孩子去亲身实证，这才是道理教育的最高境界。

　　在家庭教育过程中，家长不能总是站在大人的角度，用理性的方式来和孩子讲道理，而应当换位思考，学会共情，学会深入孩子的内心，理解孩子、支持孩子、鼓励孩子，让孩子自由倾诉，与孩子沟通交流，理解孩子的感受和想法，用爱、温暖和陪伴，呵护孩子的身心，促进孩子的成长。

娇惯式
家教

娇惯，是指宠爱和纵容。父母对孩子用娇生惯养替代家庭教育，称为娇惯式家教。

宠爱和纵容、娇生和惯养，是错爱，并不是教育，更不能替代教育。家长对孩子生养而不教，或者溺爱和错爱，势必诱导孩子的成长和发展偏离正轨。被惯坏的小皇帝、小公主，有的任性刁蛮、横行霸道、无事生非；有的不愿意吃苦受累，也不愿意承担责任；有的厌恶平凡的事物，自己又高贵不起来；有的不愿意长大，更不愿意成人，只知享受，不知人生辛劳，属于标准的寄生虫式后代。家长亲手把一个可亲可爱的后代培养成了寄生虫，究竟是谁的过错呢？

爱是纯自然的生命流动，是自由的，是快乐和温暖的，更是幸福的。真正的亲子之爱，是父母爱孩子，孩子爱父母，双方彼此依恋，无私地奉献，用爱和温暖来互动。这样的家庭，才是最幸福、最理想的家庭；这种爱，才是人人都需要，都渴望的爱。爱不能索取，更不能附加条件。只有真正懂得爱的人，才能拥有和享受爱，也只有让爱的温暖和阳光自然散发时，爱才会真正地到来。如果孩子拥有父母完整而又健康的爱，孩子的心理需求得到满足，即便身处不良环境之中，也能保持自我本色。可以说，父母完整而又健康的爱，是孩子人生航程中的灯塔，时刻为孩子指明方向和目标，使孩子不致迷失方向而误入歧途。

享受不该享受的，终究是要还回去的。家长对孩子娇生惯养，实际上是一种非理性的过度替代、包办和溺爱，属于剥夺孩子自立、自强和独立成长的权利，让孩子因无力独立而不得不依赖，以期获得父母永久的呵护和关照。娇生惯养就是在培养寄生虫，但凡寄生虫，都是不劳而获的，除非榨干宿主，否则绝不更换或离开。家长对孩子无条件、无原则地娇生惯养，无休止地付出和奉献，往往换来无所不在的痛苦和伤害。

人来到世界上，是要学习、成长、自立自强、延续和发展的，不是纵欲享乐的。家长用自己的能量和财富，去尊贵孩子轻贱自己，腐化孩子祸害自己，对孩子不是利而是害。《易经》中讲："德不配位，必有灾殃。"孩子享受了不该享受的，就属于德不配位，未来遭受灾殃，是自然而然的事情，这并不以家长和孩子的意志为转移。

生孩子和养孩子，是动物都有的本能；但娇生惯养孩子，却只有人类才会。以娇生惯养替代教育，必定会令家庭教育功亏一篑。

肯定式
家教

　　肯定，是指承认事物的存在和真实性，是对正善无疑问的确定，是对积极正能量的认同，属于确信式的鼓励。肯定式家教，是指家长以肯定为主导对孩子施教的模式。

　　肯定式家教，首先要求家长言谈举止要合于正善，情绪态度要积极，避免各种形式的负能量和邪恶；其次，家长要及时关注并肯定孩子正善和积极的方面，忽略或消解各种负能量和邪恶，为孩子创造一个肯定式的积极的成长环境和教育氛围。

　　人人都喜欢那些关心自己、接纳自己、肯定自己的人，家长对孩子的喜欢、关心、接纳和肯定，是孩子思想观念、价值体系和行为模式构建的阳光雨露，对孩子健康心理、健全人格和道德品性的培养和塑造起到至关重要的作用。

　　相反，如果孩子感觉父母不关心自己、不喜欢自己、不接纳自己，或者否定自己，那么孩子会丧失生命的寄托感，导致安全感构建出现问题，思想观念、价值体系和行为模式的构建就会出现偏差，心理、人格、品性就会受到损害。

　　所以说，好孩子是教出来的，坏孩子也是教出来的，人刚生出来是无所谓好或坏的。肯定塑造英才，否定摧残灵魂。

　　肯定式家教依靠修炼，否定式家教依靠本能。家庭教育，能且只能采用肯定式，不能采用否定式。家长若想教育好孩子，就必须做个学习型家长，能够与时俱进，不断地学习、修炼、提升和完善，和孩子共同学习进步，这是家长最明智，也是唯一正确的选择。

05

累赘式
教养

　　但凡在工作、学习、人际交往等过程中有孩子牵绊，不能集中精力于孩子的教养上，都属于累赘式教养。

　　这种带孩子的方式，只能算是一种应付式看护，根本谈不上教育。

　　曾经听一位同事唉声叹气道："愁死我了，愁死我了！"我问他怎么回事，他说："昨天夜里，他三岁的儿子大半夜突然坐起来，一拍大腿兴奋地大叫：'胡了胡了！'"我问他儿子是不是经常看人打麻将，他说他媳妇最爱打麻将，一天到晚泡在麻将桌上。我问孩子谁带？他说除了媳妇还能有谁？我说这一点也不奇怪，因为孩子都是跟大人学的，除非让孩子远离那样的环境。

　　环境造就人。孩子的学习成长是潜移默化的影响渗透过程，外界任何信息，孩子通常都毫无选择地接纳，这些会慢慢成为孩子潜意识的一部分。对年龄幼小的孩子而言，环境更是起决定性的因素，这就是孟子的母亲要"三迁"的原因。如果当时孟母没有选择三迁，可能历史上就不会有"亚圣"了！

　　人的精力是有限的，人的忍耐力也是有限的。一边忙于事务一边带孩子的家长，一方面不得不让孩子长时间甚至长期待在自己所在的社会生活大环境中，另一方面由于无暇顾及孩子，只能是家长忙家长的，孩子玩孩子的，只要孩子不纠缠家长，不给家长添乱，就是家长最盼望的事情。但是孩子幼小，不可能不纠缠家长，不可能不给家长添乱。于是乎，家长为了让孩子安静或少影响自己，为了让孩子不乱跑、不惹事，或者是无原则地放纵孩子的坏习惯和答允无理要求，或者是违背自己的意愿给孩子玩喜欢玩的、吃喜欢吃的。即便孩子提出无理的要求，家长往往不得不给予满足。家长的这种放养式陪伴，给孩子造就了几乎完全自由的玩乐时间和空间，导致孩子过度玩乐，过度满足欲望，而讨厌甚至厌恶学习。在这样的环境中长大的孩子，由于教育的缺失，总是会出现各式问题，也总是难于学好。

更为可怕的是，家长忙于事务，必然会经历并承受各种各样难以预知的挫折、矛盾和纠纷，家长的情绪不可能不受影响。当家长焦头烂额时，孩子再来纠缠或打扰，家长自然会迁怒于孩子，孩子在不知不觉中成为家长的出气筒。情绪化的家长把孩子当成牺牲品，是很难避免的事情。在孩子受到不正当的对待之后，孩子的身心必然受到伤害。即使此后家长做出更多的努力以求弥补，但木已成舟，终究无济于事。

长期累赘式教养，必然造成家庭教育的缺失。而家庭教育的核心是德行和做人教育，是以劳动、付出和奉献为核心的教育。孩子缺失了重要的基础技能，就相当于孩子走钢丝，虽然可能精彩纷呈，但处处危机四伏，稍不留神就会摔下来。

最为严重的是，家长对孩子的累赘式放养教育会在不知不觉中培养和造就孩子的不良思想和行为习惯等，家长发现并开始重视时，却已经晚了。孩子不良习惯养成之后再想纠正和改造，并非那么简单容易，那将是一场极其复杂而又艰巨的战争，要调用整个家庭和社会支持系统共同努力、长期坚持才可能成功。

家长的无知、疏忽大意或不当的教育，总是在孩子没出问题或者问题不明显时意识不到或重视不够，也总是在等孩子问题出现或严重之时，才开始意识到问题的严重性，可惜已经太晚了。

家庭教育，永远是预防胜过纠正和改造。那种只顾眼前的教育模式，永远也解决不了孩子的问题。

累赘式教养，在当今的中国，并不是个例，而是相当普遍的现象。解决累赘式教养问题，并非一日之功，也非个人能力所及，而是需要全社会共同努力，需要国家政策和体制的干预和扶持。

所谓冷式家教，是以消极为主导，缺乏爱和情感连接，或者损害或破坏亲子之间爱和情感连接的家庭教育模式。

　　家长对孩子思想上的失望，语言上的尖酸刻薄、打击否定、抱怨唠叨，态度上的冷淡、冷漠、焦虑、忧愁，情感上的疏离、愤怒、悲伤，行为上的排斥、拒绝、暴力等，都属于消极负能量的，因而都属于冷式家教。

　　冷式家教最典型的特征就是冷。人对冷的本能反应就是收缩、封闭、防御和对抗。越是冰冷，人的自我保护意识就越强，自我封闭就越严实，防御对抗冲动就越强烈。在消极冰冷的状态下，孩子的心门是关闭的，身心是紧张恐惧的，精神是谨慎防御的，是不可能接受或配合任何形式的教育的。所以说，冷式家教，不能称为教育，只能称为损害破坏式伤害。

　　家庭教育因父母的冷而使孩子问题多多，毛病不断。冷式家教，对孩子的心理、人格、精神等都具有毁灭性的伤害，是孩子问题和麻烦的始作俑者。

　　父母对孩子的冷，会不断地损害和侵蚀亲密和谐的亲子关系，导致爱和情感疏离，天长日久，孩子的心理和精神会出现问题，亲子之间就会形同陌路，严重的甚至会积怨成仇。

　　爱不是伤害，以爱为借口的伤害，不是真爱。冷式家教传递给孩子的直接信息，是父母的不喜欢、讨厌和不爱。感受不到父母爱的孩子，会认为父母随时会不要他、抛弃他。被父母抛弃，是孩子最深切的恐惧，是导致安全感缺失的核心根源。孩子一旦缺乏安全感，可能会身不能安、神不能定、心不能暖、正不能立，能学好向善的可能性微乎其微。

冷式家教后患无穷：孩子会通过父母的潜移默化习得这种沟通互动方式，并且会延续到自己的家庭及子孙，这是家庭模式的被迫性重复。

冰冷模式的沟通和互动，使大量负能量长期累积，在伤害身心的同时，必然要寻找释放的出口。负能量释放的对象如果是物，尚且危害不大；如果是人，危险就"不请自来"了。

冷式家教，是一种魔咒式教育，是伤人害己的教育，家长不可不小心防范！

07

内紧外松式
家教

家庭是社会的细胞，家庭不能脱离社会而独立存在；人是家庭的细胞，人同样不能脱离家庭和社会而独立生活。受到传统的影响，中国人习惯对自己苛刻，对他人宽容；对家人苛刻，对外人包容。家长教育孩子，在家内严格，在家外宽松；没外人时严格，有外人时宽松；对自己的孩子苛刻，对别人的孩子宽容，等等，都属于内紧外松式家教。

中国人的内紧外松式传统，有着深刻的社会根源。许多人是根据关系亲疏决定距离远近。关系亲密者，就当作自己人，可以严格和苛刻；关系疏远的人，就当作外人，不可以严格，更不可以苛刻。作为社会的一分子，人只能对自己苛刻严格，家长也只能对自己的孩子苛刻严格。

内紧外松作为一种社会传统、一种生活智慧，可能会传递给孩子，家长无意识地将其当成了一种约定俗成的家教模式。

人都是独立的个体，人与人之间，无论多么亲密、多么默契，都不可能合二为一，不分你我。原则上，内紧外松，只适用于自己，并不适用于别人，更不适用于家教。

家长管教孩子，人前宽松，人后严格，或者对自己的孩子苛刻，对别人的孩子宽容，会让孩子迷茫而不知所措，或者直接钻家长的空子，导致家庭教育问题连连。

尤其对那些敏感脆弱或有心理障碍的孩子，家长的内紧外松式管教，会对孩子的心理造成反复的冲击和伤害，并因愤怒和积怨而产生仇亲心理，严重破坏亲子关系，伤害亲子感情。

内紧外松是一种传统，但不是家教模式。家庭教育最忌讳反复无常、标准不一和亲疏有别，因此把内紧外松式传统引入家庭教育，是弊大于利、害大于益的。

许多仇亲现象是家长内紧外松传统的不当运用造成的。家庭教育要内外一致，松紧相宜，切不可内亲外疏、内紧外松。

08

攀比式
家教

　　比较和好胜，是人的本能行为；与比自己强或差不多的人比较，不与不如自己的人比较，是人的一种习惯；以攀比为主导的家庭教育，称为攀比式家教。

　　许多家长都希望自己的孩子优秀，希望自己的孩子比别人的强，这样他们才有成就感和优越感，才会感到快乐和幸福。但是人人各不相同，总会有人比自己强。由于在攀比过程中自己总是处于劣势，必然优势渐弱，自信渐减，自卑愈强，烦恼愈多，痛苦愈深。当家长发现自己的孩子不如别人，尤其是差距巨大时，就会有羞耻感、失败感、愤怒感，并因脸上无光、自尊受到打击而不甘心、不服气。家长就会不自觉地按照自己的主观意愿来塑造和改变孩子，试图使孩子能强于或超过别人，最起码使差距变小点，以此获得些许心理平衡，满足自尊心。

　　事实真的能如家长所愿吗？货比货要扔，人比人要死。攀比能让好人变坏，能让健康变害病。

　　家长的攀比，必然会带动孩子的攀比。家长不拿自己与别的家长攀比，孩子一般也不拿自己与别的孩子攀比；家长拿自己的孩子与别的孩子攀比，孩子也必然拿自己的父母和别人的父母攀比。攀比的结果是，家长对自己的孩子越来越不满意，孩子对自己的父母也越来越不满意，责任转移，目标错位，自乱阵脚，何益之有？

　　攀比式家教，纯属无事生非式家教。家长与其搞那些害己不利人的攀比，不如把时间、精力用在自己孩子优势和特长的培养上，使孩子能够心态平和，立足当下，集中精力，做最好的自己，快乐健康地学习和成长。家长何必给孩子增添不必要的压力和负担、折磨和痛苦呢？

　　在家庭教育中，若要家长不攀比显然不现实。如果非比不可，那么一定要客观地、科学地、合理地、有益地进行比较，绝对不能乱比和瞎比。

　　孩子宜亲不宜疏，宜贵不宜贱，宜乐不宜愁，宜益不宜损，宜利不宜害，家长务必谨慎！

09 强势控制型家教

　　强势控制，意味着控制者对人、事、物实施绝对的控制，不容许控制范围内的人、事、物凌驾于自己之上，更加不容许有越轨行为。对家庭教育的强势控制，意味着家长用绝对手段或模式，对孩子实施强势掌控，一切以家长的意志为转移，孩子除了绝对服从外根本没有选择。在这样的家长眼里，孩子是私有财产，家长对孩子有百分之百的处置权，孩子是没有选择的，只有被动接受，只有遵照父母的意愿行事，不管是否喜欢、是否自由、是否快乐。

　　心理学研究表明：通常控制欲超常的人，内心都缺乏安全感。内在安全感的缺失，导致他们不得不通过对外界的强势控制，获得安全感的寄托，实现人生的意义和价值。人的情绪态度和行为具有感染性，人内在安全感缺失必定会表现出无意识的恐慌或焦虑，并把这种情绪传递给他人；家长的强势控制行为模式，会对孩子产生潜移默化的影响。因此，强势控制型父母，通常会造就强势控制型孩子。

　　强势控制型家教虽然很极端，但却不在少数。对孩子的管理和教育，绝大多数家长都有强势控制的成分，只是程度不同而已。

　　人不同于物，物可以被人控制，但人却不可以，对幼小的孩子更加不可以。因为任何一个幼小的生命，都具有强大的生命力，是不可能长久被控制和约束的，最终必定会有突破控制和约束的一天。一个人对另一个人的强势控制，虽然能控制得了现在，但必定控制不了未来。家长无论多么强势，无论怎么压抑和管制孩子，都不可能控制孩子一辈子。家长对孩子过于强势的控制，会摧残孩子的灵性，扼杀孩子的创造力。

在强势控制模式下成长的孩子，随着内心怨气和伤害的累积，往往会向两个极端方向发展：一是懦弱，二是极端叛逆。

　　极端叛逆的孩子，会随着年龄增长、力量的增加而通过各种可能的方式反抗父母。也就是说，父母对他的要求，无论对错，他都统统否定和对抗，极端情况下，甚至会用自我伤害或自毁前程来和父母对抗，造成亲子之间严重的对立和冲突。

　　孩子的懦弱，固然令家长失望难堪；而孩子的极端叛逆，会让家长更加痛苦、无助。当孩子通过自毁的方式和父母对抗时，家庭的恶梦就到来了。因此，强势控制型家庭教育模式，对孩子是害处大于益处的，孩子的各种问题，正是对这种不良教育模式的申诉和反叛，是孩子对父母实施不当教育的报复和惩罚。

　　教育孩子是系统工程，不容家长主观妄为、任意行事。孩子不是物品，不能用来做实验。孩子的成长之路，是一条不可回转的单行道，只能一路前行，不允许停止或后退。家长对孩子的伤害，无论有意识的还是无意识的，都会对孩子造成难以逆转的负面影响。

　　对于强势控制型家教而言，亟须改变的，是家长，而不是孩子！

10 小团体式
家教

在一个集体中，成员三三两两聚合一起，形成的具有排他性质的团体，被称为小团体。家庭是一个集体，家庭中也会因为各种原因而形成小团体。家庭中以小团体为主导的家庭教育模式，被称为小团体式家教。

家庭中的小团体，有父子、母子和父母三种类型。虽然父母同时排斥孩子的情况不多见，但是其中一方排斥孩子的现象却屡见不鲜。家庭中一旦出现小团体，家庭重心就会发生偏离，家庭成员的合力减弱，影响力降低，互补作用弱化，使孩子的人格发育受到损害，从而可能培养出有缺陷的孩子。因此，小团体式家教，属于存在严重人为缺陷的家庭教育方式。

和谐幸福的家庭，不存在小团体。家庭成员之间互敬互爱、互利互惠、互通有无、和顺通达，父亲、母亲和孩子各自独立又相合、互补又互助，是理想的家庭关系模式。

极端化的家庭小团体，能直接导致家庭的破裂。家庭破裂对孩子造成的伤害，不但会折磨孩子一生，还会把伤害传递给孩子的下一代。因此，家庭之中是不应该有小团体存在的，那种试图通过搞小团体来彰显自己地位，满足自己虚荣心的家长，都是目光短浅、愚蠢透顶的家长。家庭是讲和谐的地方，讲亲情的地方，讲爱的地方，讲共同发展的地方，不是个人显能的地方，不是争斗的地方，也不是互相伤害的地方。家长如果搞不清楚这个问题，想经营好家庭，教育好孩子，几乎不太可能。

小团体式家教，无论对家庭、对父母还是对孩子，都是弊大于利，为人父母者，有则改之，无则加勉。

寓教于乐式
家教

人总是喜欢待在自己感到快乐的地方。因此，要想影响和教育人，和谐快乐是保障，利、害和情理则是方法和手段。

家庭教育需要一种和谐快乐的教育，是指家长和孩子都和谐都快乐。如果一方不快乐或者双方都不快乐，那么家长或孩子因为要达成某一目标而采用强制手段，其结果必然引发消极的情绪反应，严重的会造成彼此对抗和冲突。从某种程度上说，只要是不和谐不快乐的教育，几乎都是有问题的教育。

寓教于乐，是指把教育寓于快乐之中，在快乐中施教。

寓教于乐，重点在教，而不是乐。

寓教于乐，意味着不仅要家长乐，还要孩子乐；不仅要家长乐教，还要孩子乐学。家长和孩子之乐，乐在教和学，不在欲望或玩闹之乐。如果教而不乐，乐而不教，或者学而不乐，乐而不学，都不是寓教于乐。寓教于乐，是一种自然和谐、幸福快乐的教和学。

如果家长乐教，而孩子不乐学，再教也无益；如果家长不乐教，孩子也不乐学，再怎么教怎么学都无益；如果孩子乐学，家长不乐教，对孩子的学习影响并不是很大；只有家长乐教，孩子也乐学，才是理想、完美的教育。

如果乐不可教，就要主动放弃寓教于乐，并不是所有家长都能做到寓教于乐，也不是所有孩子都适合寓教于乐。

寓教于乐，是一种高境界、高要求、高智慧的教育方式，想做好并不容易。因此，千万不可过分迷信寓教于乐的好处，因为做不好就会适得其反，严重的既会害苦家长，也会害惨孩子，得不偿失。

　　家庭教育，永远要选择合适且有效的，而不是快乐最好。如果因为快乐而丢了教育，那就是舍本逐末。

　　寓教于乐的真谛是，既要家长乐教，也要孩子乐学。

自律式
家教

（12）

　　自律，是指不受外界约束和支配，在无人监督的情况下，根据自己的道德规范和行为准则，自觉主动地约束自己的一言一行。自律是一种不可或缺的人格力量。自律是理性智慧之根，是自警自爱之花，是觉悟成功之实。

　　孔子曰："先行其言而后从之。"意思是说，对你要说的内容，在说之前，先去实行，然后再按照做了的去说。说得再好不如付诸行动，只有自己真正做到了，才能挺直腰板讲给别人听，才能使人信服。"己所不欲，勿施于人""己欲立而立人，己欲达而达人"等，都是自律式格言警句。要想别人做到，自己先做到；要想别人不做，自己先不做，这就是自律。

　　自律式家教，是指家长通过严于律己，做正善、道德、遵纪守法的榜样，通过榜样引领，潜移默化地对孩子进行教育，使孩子于无形中，想自律、能自律、会自律。自律的家长，目标是自身言谈举止、喜怒哀乐的约束和管理，并不会刻意或强迫孩子去自律，而是通过自己的亲身示范，让孩子自觉主动地自律，是一种身教，而不是言教。

　　与自律相反的是他律，即只约束管理别人，不约束管理自己。家长管理不好自己，却要求孩子管理好自己；自己做不到，却要求孩子做到且做好；自己光说不干，却要求孩子说到做到；等等，都属于他律式家教，是很难有效果的家教。

　　自律式家教，属于不言之教，是教育的最高境界。

弃劣从优　分门别类

——

第四章

一

13 自我牺牲式家教

但凡家长主动放弃对家人的关心照顾，放弃正常化的家庭生活，放弃工作事业，放弃兴趣爱好，放弃梦想追求，全心全意陪伴并养育孩子的，都属于自我牺牲式家教。

一切为了孩子，一切为了教育，家长牺牲自我，是可敬的，是无私和伟大的，这是中国式家长的"光荣传统"。

时代日新月异，如果家长不能与时俱进，家庭就必然会衍生出越来越多的新问题、新矛盾、新冲突，这是自我牺牲式家长不得不面对，且必须妥善处理的问题。因此，家长的自我牺牲千万不能脱离客观实际，没有经过慎重权衡，没有确定把握，就绝不能轻易选择为了孩子而放弃一切。

做一个合格成功的家长需要智慧和能力，这并不是靠一厢情愿的牺牲和付出就能做到的。

为了孩子而使家不成家、亲情陌路、感情疏远，那就丧失了经营家庭的意义和价值。没有家庭的完整、和谐和幸福，牺牲自我通常都是徒劳无功的。

牺牲自己的事业和追求，全心全意陪伴照顾孩子，属于押宝式教育。宝押对了自然皆大欢喜；一旦宝押错了，就会输得人财两空，想反悔都没有可能。

家庭教育是树人而不是赌博，岂能一厢情愿和儿戏？

人一旦放弃成长和追求，思想就会变得消极，行为就会变得缺乏生气，精神就会变得萎靡不振。一个人内心有什么，就会在外部找到或发现什么。内心有问题的人，他的外部世界也会全是问题。因此，家长为了孩子主动放弃自己的理想、事业和追求，是极其不明智的。或许在他决定放弃之初，他的内心是安定的、平和的、平衡的。但这样做会有一根永远存在的隐形的线，那就是把自己的理想、事业和追求，寄托在孩子身上，希望通过孩子来实现自己未完成的事业。人，付出和回报不对等，是心理失衡的根源。当家长选择为孩子牺牲自我之后，在孩子成长教育中出现的各种各样的麻烦和是非，以及无休止的劳动和付出，往往使他内心严重失衡。特别是当孩子不争气、不成才或者不听话时，他的耐心会被无限地缩小，愤怒会被无限地放大，稍有一点儿不顺或者不满意，都会情绪大爆发。在这种受到严重挫败的情况下，各种负面的思想、语言、情绪和行为就会如雨后春笋般出现，让人无法承受。家长为了孩子放弃自己的事业和追求，并不是孩子的错，但因此带来的负面影响和责任，都得由孩子来承受，这对孩子是极端不公平的，会给孩子造成无形的压力和负担，并给孩子造成深重的伤害。

家长应当有属于自己的生活、目标和追求，能够把眼光和精力从孩子身上收回来，给予孩子宽松自由的成长空间。只有家长自信、积极、健康、快乐、有追求和不断成长，孩子才会积极阳光、健康快乐、优秀卓越。家长和孩子共同学习和成长，相互独立而又和谐融洽，才是共赢式家教，自然也是最理想的家教。

14 差评式家教

差评，顾名思义就是差的评价，不好的评价，不利于对方的评价。以给予孩子差评为主导的家庭教育模式，被称为差评式家教。

虽然爱孩子是父母的天性，但是中国式父母对孩子的爱，有许多都属于内隐式，内隐于日常生活之中。与内心火热的爱相反，家长对孩子表露于外的爱，却冰冷而又刻薄，往往越是爱孩子，在思想、语言、情绪、态度和行为等方面就越消极、越负面。大致是爱之越深、望之越切，则盯之越紧、控之越紧。

家长对孩子的优点和成绩隐藏于心，羞于表露于外，但对孩子的缺点和毛病，非但乐于表露于外，甚至急于广而告之，唯恐天下人不知道。中国式家长对孩子优隐差显的教育模式，即为差评式家教。

一个人对另一个人不好的评价，既不利于对方，也不利于自己，是众多矛盾、冲突、痛苦和祸害的根源。在他人无止境的差评和攻击下，没有人能保持快乐、健康和幸福，更没有人能长期忍受。因此，家长对孩子无止境的差评，是家庭教育的毒瘤。尤其是家长以爱的名义，打着为孩子好的旗号，用差评伤害孩子，成为孩子真正的心灵恶梦。最为可怕的是，差评式家长，似乎永远站在道德的制高点，永远正确，根本不给孩子留有一点儿心理空间和自由，对孩子身心的伤害是无以复加的。

人会趋利避害，孩子自然也不例外。家长对孩子的差评，由于对孩子不利，就总会引发孩子本能的反感和自我防御，把孩子推向家长的对立面。因此，差评只能让孩子越来越差，而不能让孩子越来越好。孩子越差，家长差评就越频繁，孩子就越对立，形成恶性循环。

家长的爱和肯定，是孩子生命中的阳光雨露，应给予孩子快乐、幸福和正能量；如果家长的差评无处不在，孩子必然消极、压抑、痛苦和无助。屈服于家长差评的孩子，可能终生会在痛苦、压抑、失败和不幸中度过。差评，是孩子心灵和精神的魔咒，是亲情的毒药，是家庭教育的杀手。

家长在通过差评式教育伤害孩子的同时，也必然会遭受孩子的反伤害。差评作为原生家庭的教育模式，会被孩子延续，成为重复家庭模式，其后果和危害可想而知。

愿家长对孩子少些差评，多些肯定！

15 简单粗暴式
家教

简单，指不细致；粗暴，指鲁莽、暴躁；简单粗暴，是指人草率鲁莽的行为，粗心暴躁的举动。那些只注意表象而忽视本质、感性、情绪化、非打即骂的家庭教育方式，都被称为简单粗暴式家教。

时代在发展，思想在解放，体制在进步，人的思想和行为只有与时俱进，才能跟上时代前进和发展的步伐。那种不管对错、不讲情理、不分是非，非打即骂、非训即罚、强势控制的家教方式，显然既伤人又害己，属于损人不利己的教育行为。

家长简单粗暴教育的直接后果，就是孩子极端叛逆，缺乏安全感，懦弱无能，心理和精神受损病变，言谈举止乖张怪异。

简单粗暴不是教育，而是彻彻底底的伤害。以简单粗暴作为主导的家庭教育模式，简直是祸害教育。

家长用简单粗暴的方式教育孩子，是家长的无能，更是家长的无知。聪明智慧的家长，一定是终身学习、终身修炼、终身提升自己、终身与时俱进的家长。否则，当孩子不停地成长，学习提升时，家长却故步自封，保守僵化，如何能跟上时代和孩子的步伐，又如何能胜任家庭教育的重任呢？

孩子是一张白纸，家长千万不能把白纸染黑，然后再请人把污迹擦除，这是家庭教育的大忌，不可不谨慎小心！

190

他山之石
利于攻玉

"狠心"母亲
懂事女   ⓵

　　傍晚散步，路过超市，恰好遇到一个母亲带着两个女儿从超市购物出来。

　　大女儿十来岁，小女儿也就六七岁的样子。让我好奇的是，年轻的母亲两手空空，而大女儿提着一袋五斤的米，小女儿提着约两三斤重的一提抽纸。

　　大女儿对五斤重的米只是稍感吃力，而小女儿却对两三斤重的抽纸明显感觉力不从心。

　　我好奇地跟着她们走了一段路，想看看她们仨究竟会怎么对待购买的物品。

　　就这样，母亲在前面带路，两个女儿跟在后面摇摇摆摆地向家里走。走了大约 100 米，小女儿不停地换手，嘴里不停地喊："累死了，累死了！"

　　母亲置之不理，任由她嘟囔，一刻不停地往前走。

　　又走了大约 100 米，小女儿停住不走了，母亲和大女儿自然跟着停了下来，都静静地看着小女儿。

　　母亲也觉察到小女儿确实提得吃力，于是就对小女儿说："把抽纸给妈妈提吧。"

　　只见小女儿神情淡定地摆了摆手说："不用不用，我能提动，歇会儿就好了。"

　　我瞬间被震住，因为一切大大出乎我的意料。

　　大女儿为什么会一直稳稳地提着米袋没有怨言？小女儿为什么吃力也要坚持而不愿意接受母亲的帮助？无他，这是家庭教育的结果，是习惯的使然。

鸽子育儿
的启示

办公室窗户外防盗网的平台上，来了一对野鸽在此安家落户。

由于我从来不惊扰它们，所以它们从来不害怕我，安心地生蛋、孵化和养育后代。

鸽子用鸽乳来喂食子女，因此小鸽子总是本能地从父母嘴里掏食。

小鸽子生长速度惊人，几乎一天一变。随着体型的增大，绒毛的退尽，羽翼的丰满，小鸽子们逐渐变得跟父母一样精神又强壮。

在小鸽子开始练翅时，鸽子父母便有意识地强迫鸽子练习飞翔。如果小鸽子懒惰或者不情愿，鸽子父母就会强行驱赶，直到它们不得不飞为止。

当小鸽子能够和父母一样自由飞翔之后，父母就会慢慢减少喂食量，带着孩子们外出，教它们觅食、寻找水源、躲避危险等生存技能。

在小鸽子能够独立生存之后，鸽子父母就会完全停止喂食，并狠心地把它们赶出家门。无论小鸽子多么恋家，多么不情愿，多么不怕父母的叼啄和驱赶，鸽子父母都不会心慈手软，都不会给小鸽子留有任何余地和可能。

由于小鸽子无论如何也不能使父母回心转意，在饥渴难忍和心灰意冷之后，为了生存，它们只能离开父母，开始属于自己的生活。

当小鸽子全部离家之后，鸽子妈妈就会再次生蛋，开始抚育下一轮的后代。

鸽子父母为什么会对自己的子女那么狠心呢？难道它们没有一点儿骨肉亲情吗？鸽子种群由于本身太弱小了，各种天敌无处不在，自然环境变化万千，各种危险和灾祸不期而至，它们为了生存和繁衍，就只能通过不停地繁衍后代，用极大的数量保证种群不会灭绝，用无情的冷漠促进子女独立。因为生命只有能够存活才有价值，如果连活着都不能保证，还谈什么有情和无情呢？尤其是当寒冬来临，食物骤减，鸽子父母自己的生存都难以保证，如何能同时养活那么多子女呢？再加上小鸽子的存在，狭小的空间使鸽子父母根本无法继续繁育后代，把长大的子女赶走，就是为后来的子女腾出空间和保障，使种群数量最大化成为可能。

鸽子的生存模式，是自然选择的必然结果，也是种群存在和延续的根本保证，它们对后代心软就是在自取灭亡。

中国的父母，总认为生了孩子，就有责任和义务为孩子付出全部，无条件地为孩子提供他们能力范围内能够达到的最好的物质生活条件、最好的教育、最好的资源和平台。但是父母再有能耐，也不能为子女遮风挡雨一辈子，子女的未来，必须自己去面对和经营。父母的替代、包办和溺爱，使孩子错过了特定年龄段学习和掌握特定能力的最佳时间，导致基本生存能力的缺失，这成为其一生中最大的短板和缺陷。鸽子父母对子女生存和独立能力的培养和塑造，很多情况下看似无情，但却是真正对子女负责，为后代着想的大爱。

授人以鱼不如授人以渔，给孩子金银财宝不如送其一部经典，对孩子思想智慧、行为习惯、独立自主和生存能力的培养和塑造，才是真正的教育和培养，所有一厢情愿式的给予和以爱的名义的剥夺和纵容，都是对孩子最无情的毒害。

因此，人类虽然做不到像动物一般对孩子无情和决绝，但是理性智慧地学习动物对后代生存的训练，是完全能够做到的。虽然在当下会不忍，甚至感觉无情，但是实践证明这样才是大忍、是真情、是大爱。

人类需要向动物好好学习怎么养育子女。家庭是社会的细胞，当绝大多数家庭没有未来和希望时，社会还有未来吗，人类还有希望吗？

教育，是关乎家庭幸福、社会发展、人类延续的神圣事业，怎么可以感情用事，怎么可以一厢情愿呢？

家庭教育，神圣不可亵渎！

公交车上的 小女孩

03

一次乘坐公交车，在公交站台上，我看到一个小女孩和母亲分别，由父亲带着她坐车回家。

在小女孩从母亲怀抱中被父亲半哄半强行抱上车的过程中，她那撕心裂肺的哭闹，让人于心不忍。然而，无论她怎么闹，都不得不跟着父亲坐车回家。

在车上，小女孩在父亲的怀里左扭又转，反复折腾要下车找妈妈。父亲越哄，她哭闹得就越厉害，父亲只能徒劳地重复无用的语言和行动。

当公交车启动之后，小女孩的注意力明显受到行车的干扰，开始边哭边眯着眼从手指缝里向周围张望。我注意到，她在反复张望之后，发现周围没有任何人注意她，哭闹就慢慢减弱并停止了。

当她停止哭闹时，父亲立即笑脸相迎，夸奖孩子听话，并许诺回去后给孩子买好吃的。孩子不听则已，一听立即以最大声音哭喊着要妈妈，而且经过几次使劲挤眼才流出两滴眼泪。父亲一看这阵势，茫然不知所措，一脸哭笑不得，在反复哄和制止无效之后，父亲索性不再理她，任由她哭闹。

孩子哭了一会儿之后，估计感觉到没人理会她，慢慢停止了哭闹，开始认真、好奇地观察车里的人和环境。令人惊讶的是，没一会儿工夫，她便自得其乐地玩了起来，好像和母亲的分别根本就没有发生过。

孩子并不是成人想象得那么弱小，也并不是什么都不懂，什么都不会。事实恰恰相反，孩子的内心往往非常强大，他们的学习能力和聪明程度甚至超越成年人。

　　刚出生的婴儿，是最弱小无助的，然而他们却总能第一时间吸引父母的注意力，并抓住父母的心，获得父母的陪伴和保护。《道德经》讲："反者道之动，弱者道之用。"孩子通过示弱来满足生命的欲求，实现对父母的吸引和控制。成年人则完全相反，总是通过示强以实现对外部世界的吸引和控制，结果却总是差强人意，甚至适得其反。随着年龄的增长和心智的成熟，人反而丧失了与生俱来的智慧，这不能不说是一个遗憾。

04 红灯也能
毁家庭

一对年轻的夫妇带着孩子晚间外出散步。

当他们过路口斑马线的时候,恰好红灯亮了。

于是父亲便牵着孩子的手迅速退到路边的安全地带等待,并告诉孩子:"闺女,过马路前一定要看红绿灯,只有绿灯亮才能过马路,无论如何也不能闯红灯。"

孩子:"我记住了,老师也叮嘱我们过马路一定要遵守交通规则,一定不能闯红灯。"

然而此时虽然亮的是红灯,但是路上一辆车也没有。母亲率先闯红灯过了马路,并催促父女俩赶紧过马路。

父亲和孩子都站着不动,还异口同声地批评她,说她闯红灯违反交通规则。

母亲发现他们不但不听自己的,反而异口同声地数落自己,明显不高兴了,她看了看路上依然没有一辆车,就开始大声催促他们赶紧过来。

父女俩依然不理不睬,站着一动不动。

喊了几声都没人理会,再加上被数落,母亲在路人面前没面子,火蹭地就上来了,开始对父亲破口大骂:"呆瓜、榆木疙瘩,我怎么找你这样一根筋的男人?你没看到没有车吗?直接过来就行了,怎么那么不知变通呢?"

父亲:"我在教育孩子守规则,不能明知故犯,否则以后怎么教育她?"

女儿："妈妈,你不对,你不该闯红灯,老师说了,闯红灯会有危险,任何时候都不能闯红灯。"

母亲火冒三丈："真是两个木头人,又没有一辆车,闯个红灯有什么大不了的,红灯不就是为了安全嘛,既然已经能够保证安全,为什么死盯着红灯不走呢?真是不可思议。"

父亲："遵守交通规则不能破例,否则,没车时能闯,车少的时候就能闯,在车很多的情况下,抱着侥幸心理一样会闯,那要交通规则干吗?"

母亲："你不要给我讲那些大道理,反正现在你们立即就给我过来。"

父亲："就是不能过。"

母亲："你们必须过。"

父亲和女儿："坚决不能过。"

一家三口争执的声音越来越大,自然吸引了路人的围观,都三三两两地窃窃私语。

母亲越发觉得挂不住面子,直接再次闯过红灯,强行拉着女儿闯红灯。

父亲再也按捺不住火气,开始训斥母亲。于是乎,女孩的父亲母亲,就在大庭广众之下,针尖对麦芒地大吵起来。

女儿怯怯地站在一边,提醒他们说:"爸爸妈妈,绿灯亮了,我们可以过去了。"

母亲恶狠狠地说:"站一边去,小孽种,连我的话也不听,这儿没你说话的分儿。"

女孩委屈地蹲在地上用双手捂住脸哭泣起来。

夫妻俩再也没有顾忌,越吵越僵,甚至扬言要离婚。

其间,有不少人过来劝架,结果越劝吵得越凶,因此再也没人理会他们。

绿灯灭,红灯亮;红灯灭,绿灯亮,经过了数个红绿灯变换,他们还是没有过马路的意思。

最后母亲气急败坏,直接拉着女儿就走。

父亲又过来抢夺女儿,口口声声说:"女儿要是跟了你,永远也不可能学好,你赶紧该死哪儿就死哪儿去,女儿我自己养。"

母亲："我是一分钟也不能跟你再过了，明天赶紧去离婚，我不知什么时候造的孽，跟你这样的人结婚。"

父亲气急败坏，甩手就走，独自消失在黑暗中，只听到女儿无助地呼喊爸爸的声音……

母亲愣了半天，最后带着可怜的女儿木然地回家了。

夫妻之间、父子之间、母子之间，不知何时，不知哪点儿鸡毛蒜皮的琐事，都可能引发破坏家庭的风暴。只要风暴产生，不仅当事人互相伤害，而且波及无辜、无助的孩子。可怜的孩子不是被父母反复要挟、抛弃，就是成为筹码或发泄愤怒的工具，这种无常的风暴式冲击，不是在教育孩子，而是在毁灭孩子！

饥饿的
神奇功效

公司财务科长年近六旬，他有个小孙子，活泼可爱，古怪精灵。

每次只要他的小孙子到来，他都喜不自胜，宠爱到无以复加的程度。

有一次，他带着小孙子和我们一起吃饭。我发现这孩子除了吃盒子中的高级薯片外，无论荤菜、素菜，还是米饭、馒头，他统统不吃。尽管这个当爷爷的使尽浑身解数，也不能让小家伙吃上一口饭。

通过了解得知，这孩子来单位四五天，每天只吃这种薯片，其他的什么也不吃。只要不给薯片，他不是哭就是闹，一刻也不让人安生，无论怎么斥责或惩罚都无济于事。

一个正在长身体的孩子，整天只吃薯片，是很让人担忧的，毕竟薯片不能当饭吃啊！

我替这位科长和他的小孙子担心，于是就把他单独喊到外面，偷偷地给他支招。

我说："孩子只要身体健康，胃口好，根本就不用担心其他的。"

科长说："这孩子身体好，胃口也好，但最让人担心的恰恰是吃饭问题啊！"

我说："这都是你惯的，如果你不惯他，他能这样吗？"

科长说："我现在就是不惯他，他也一样啊，什么办法都没有用啊！"

我说："你什么法都别用，只要一招，就保证让他乖乖地主动吃饭。"

科长立刻两眼放光，急不可待地问："什么办法，快告诉我，我请你吃饭。"

我说："方法很简单，只是你做不到。"

科长说："孩子都这样了，时间长了还得了啊，只要能让他吃饭，我什么都能做到。"

我说："有这决心还不行，必须有狠心才行。"

科长说："为了让他吃饭，我的心早已狠到不能再狠了。"

我说："这就好，你从现在开始，一来立即停止薯片的供应，无论他怎么闹、怎么折腾，你就是不给买；二来除了喝水，其他什么也不让吃，就是让他饿，饿到极点。这你能做到吗？"

科长肯定地说："只要能让他吃饭，什么都能做到。"

我说："好，从现在开始，立即执行！"

回到餐桌，他不再管小孙子吃不吃，只管吃自己的、和别人拉家常，并不理会小孙子。

回家以后，他真的按我所说的坚持地做了下去：直接断了小家伙对薯片的念想，什么零食也不给买，什么食物也不给准备，就让他饿着，任他哭闹，铁了心不再管他。

小家伙饿了不到半天，就撑不住了，再也不哭不闹，反而开始不停地恳求爷爷给他饭吃，并保证再也不要薯片了。科长并没理他，中午照样什么也不让他吃，就让他饿着。直到晚上，才把小家伙带上餐桌，也不管他吃不吃，自顾自吃起来。

结果，小家伙四五天来第一次真正意义上吃了饭，而且吃得特别香、特别多。由于害怕孩子吃多了撑着，差不多时就不让他吃了，小家伙流着口水看着食物眼睛都不转了。

从那以后，小家伙吃饭再也没让他担忧，而且每次都吃得非常好。

吃饭和哭闹问题，半天的饥饿，就全部解决了。

由此可见，孩子坏习惯、坏脾气和不良嗜好，大都是家长一手纵容造成的。家长坚持原则，理性智慧地对待孩子，孩子不合理的要求、不良的习惯和不健康的嗜好又怎么可能成为问题呢？

孩子是可塑的，是可教的，也是能学好的，关键在于家长，而不在于孩子。

（1）水桶的故事

小明家的狗妈妈生了六只小狗，小狗刚出生几天还没睁眼，非常可爱。

每天，小明都要把几只小狗抱过来玩上一会儿，他太喜欢这些小家伙了。

有一次，小明看到家里有一个大点儿的罐头瓶，便突发奇想，把一只小狗装进瓶子里并盖上盖子，自己抱着瓶子逗小狗玩。

正巧爸爸看到了这一切，一句话没说，就直接拉着小明到一个水桶前，让小明自己坐进去。

小明不理解爸爸的意思，但又觉得好玩，于是想也没想，直接坐了进去。

等小明自己坐进桶里之后，爸爸拿来一块菜板，直接盖在水桶上，自己用手压上，一句话也不说。

刚开始小明觉得好玩，也没觉得什么不对。但当爸爸把桶盖上，并用手压住时，小明感觉不对劲了，开始使劲儿向上顶，要出去。

但无论他怎么顶，爸爸就是不松手。小明以为爸爸是逗他玩的，只是开心地顶着菜板想出来。

在几番努力之后，小明发现爸爸依然没有放手让他出来的意思，于是开始着急，请求爸爸放他出来。但爸爸根本不予理睬，仍然一动不动地压住桶盖，就是不让他出来。

小明越急着出来，就越出不来，心急火燎，感觉难受，甚至感到痛苦和无法忍受。

在小明感到非常痛苦、绝望之时，爸爸拿下了菜板，把他放了出来。

小明从桶里出来后什么话也没说，第一反应就是立即跑到瓶子边，打开瓶盖，把小狗放了出来，而且摸了摸小狗的头，给小狗吹吹气，口中念念有词地说："小狗狗，可不能憋坏了啊！"

爸爸看目的已达到，便微笑着走开了。

点评：当孩子犯错时，无论有心之错还是无心之过，家长第一时间有情绪激烈的反应或者打骂责罚都是没有用处的。家长要保持冷静，理性地对待孩子的错误，并用智慧帮助孩子领悟，达到教育孩子的目的。

（2）扶老人过马路

小花和小甜是姐妹俩。一天，两个小姐妹在妈妈的带领下去逛街。

在她们到达一个路口准备过马路时，她们发现有一个拄着拐杖的老奶奶一步一晃地和她们一起过马路。

妈妈看到之后，对小花说："小花，去扶着老奶奶过马路。"小花看了看老奶奶，撇了撇嘴说："她那么老，那么丑，我才不扶呢。"

妹妹小甜看到姐姐不扶，自己主动走上前去，扶着老奶奶过了马路。

妈妈看到这一切，也没言语，逛完街，买了点儿零食后就一起回家了。

回到家后，妈妈拿来一根小竹竿交给小花，要小花学学今天看到的那位老奶奶的样子和神态。

小花感觉特别好玩，于是就模仿起老人的一举一动，逗得妹妹和妈妈哈哈大笑。

妈妈看到时机成熟，便要求小花继续学老奶奶，并把自己当成老奶奶，让妹妹去扶着她过马路，并要求她们姐妹俩，要表演得跟真的一样。

两姐妹感觉挺好玩，于是快快乐乐地认真表演起来。

当妹妹扶着姐姐行走时，姐姐心里一动，突然意识到了什么。姐姐停了下来，对妈妈说："妈妈，我错了，我今天不该拒绝扶老奶奶过马路。老奶奶那么大年纪，走路又不方便，多需要人照顾和帮助啊！我保证以后只要见到老奶奶，就主动去搀扶她，帮助她，不会嫌弃她。"

妈妈听到后，欣慰地点了点头。

（3）休学的故事

朋友的女儿小丽，学习成绩一直保持在中等水平。初二上学期，老师对她不公正的一次批评，使她发起牛脾气，坚持不去上学。

正在学习阶段的孩子不去上学，是家长最着急的事情。于是小丽的父母使用了几乎一切可能有用的方法，希望小丽回心转意，安安心心地回到学校去上学。

可无论别人怎么说、怎么劝，小丽就是铁了心不上学。

小丽的父母并没有因此打骂和强迫小丽，在万般无奈之下，决定顺着她，让她休学。

休学后的小丽，宛如一个快乐的小公主。整天无所事事，和弟弟玩耍取乐。弟弟俨然成了她的开心果；她也顺理成章地成了弟弟形式上的妈妈，对弟弟的照顾和疼爱甚至超过了她的父母。

小丽父母的亲戚朋友们对此都颇有微词，认为不该那么纵容孩子，她毕竟还小，任性总归只是小孩的脾气，是不会顾及后果的，家长怎么能对孩子的这种行为不管不问呢？

在小丽休学大半年之后，初二暑假还没结束，小丽就主动向父母提出，她要去上学，重新读初二。

小丽的父母当然求之不得，小丽便很顺利地重新回到了学校。

回到学校的第一次期中考试中，小丽力克群雄，在年级 300 多名学生中名列第一。

而且此后的所有考试，她的成绩从来都没有出前三名。

她的变化，让周围所有人都感到惊讶，感到不可思议，更感觉有点儿神奇。

这虽然只是个特例，但是却给家长如何对待孩子的学习提供了一个全新的思路：对孩子的学习，家长到底是干预好，还是顺其自然好？家长干预太多，孩子就一定能学好吗？相反，家长如果采取无为而治的策略，难道孩子就一定不能学好吗？

这值得家长们深思！

（4）小玉学英语

小玉五岁了，一个偶然的机会，爸爸发现他有语言的天赋。

经过反复考虑，爸爸决定让小玉学英语。

但是小玉很贪玩，无论爸爸怎么安排，怎么要求，他都不在意、不认真，甚至不学习。

爸爸一度束手无策。

爸爸几乎用尽所有可能有用的方法，但小玉就是无动于衷。

偶然间，爸爸发现小玉非常爱看动画片，而且几乎到了痴迷的程度。

爸爸灵机一动，计上心来。

他买了经典纯英文的系列动画片光盘。

随之而来的，是爸爸用强制手段对小玉看动画片的时间进行严格限制，并规定只允许在特定的时间段内看，其余任何时间都不允许。

这对痴迷动画的小玉来说几乎是致命的。他开始想尽一切办法看动画片，哪怕去做自己不愿意做的事情，目的就是能多看会儿动画片。

爸爸越是限制小玉，小玉看动画片的渴望就越强烈。

爸爸看到时机成熟，就跟小玉约定：电视上的动画片还是在原来规定的时间内看，其余时间统统不允许看。但是爸爸从关心疼爱小玉的角度，决定再额外满足小玉看动画片的要求。

小玉一听，非常高兴，当然非常赞同，因为不需要做任何事情，不需要满足父母的任何条件，额外还能看动画片，当然求之不得。

此时父亲拿出早已买好的系列动画光盘交给小玉，并告诉他：这盒光盘，想怎么看就怎么看，想看多久就看多久，爸爸不做任何限制和规定。

这可把小玉高兴坏了，开始无休止地看英文动画片。

由于动画片是纯英文的，他根本听不懂，但他不在乎，仍然看得津津有味，非常着迷。

在很多时候，由于在电视上看动画片有限制，看光盘没有限制，在实在想看的时候，小玉不得不反复地观看纯英文的动画片。

转眼小玉上了初中，开始正式学习英语课程，英语教师发现，尽管小玉掌握的单词不是很多，但是对自己说出来的口语，大致能听懂，这让老师感觉非常奇怪。

后来，在老师的推荐下，小玉参加全校英语口语大赛，获得了第一名；参加全市中学生英语读写大赛，又获得了第一名；在高中时参加全国中学生英语口语大赛，获得了第三名。

后来，小玉顺利考入知名大学，大一时，就通过了英语六级考试，先后多次参加各种大学生英语比赛，均获大奖。大二时，第一次接触来学校开展讲座的美国教授，小玉是唯一一个能够用英语与教授进行交流的人。

由于具备扎实的英语功底，小玉决定大学毕业后去国外深造，迎接小玉的，将是更加美好的未来。

07

列车上的
贴画女孩

有一年冬天，我乘坐列车去省城出差。

我的卧铺位是下铺，对面的下铺是一位年轻的母亲带着一个四五岁的女儿。

列车开动之后，我戴上耳机，倚着被子坐在铺位上听音乐。

对面铺上的年轻母亲坐在铺位边玩手机，把铺位的大部分空间让出来给女儿自由玩耍。

女孩特别安静，既不吵闹也不说话，只是一个人静静地坐在那玩贴画。

女孩安静乖巧、心无旁骛的秉性，迅速引起了我的注意，于是我就用听音乐做掩护，开始全神贯注地观察女孩的一举一动。

女孩玩的是市面上比较常见的小贴画，是以折叠的方式装在大盒中的。开始时，女孩熟练地打开盒子，取出一大张折叠好的贴画母版。或许是由于小贴画粘贴面外露的原因，女孩怎么也打不开，但她也不着急，只是不停地尝试从各个角度打开贴纸，经过约三分钟时间，女孩终于顺利打开了贴画纸并把它展平在铺位上。我注意到：即使女孩反复努力都不能打开贴纸，母亲也熟视无睹，并不给予任何形式的帮助和关注。

女孩展平了贴纸开始把一个一个小贴画从贴纸上揭下来，开始往自己脸上贴和手上贴，然后挪到母亲身边，开始一张一张不厌其烦地往母亲脸上贴。在贴的过程中，如果女孩觉得贴得不满意或者不理想，就会揭下来重新贴。令人惊讶的是，母亲视若无睹，只顾玩自己的手机，任由女孩贴来贴去。

女孩在妈妈脸上贴够了以后，开始不停地往自己脸上贴，感觉贴得差不多了，把妈妈的脸转过来，两人相视而笑。这是多么温馨，多么和谐，多么幸福啊！

母女对视了一会儿，妈妈亲了女儿一下，然后继续玩自己的手机。

过了一会儿，女孩出于好玩，就开始把贴画往铺位的墙面上贴。妈妈发现后，一反常态，立即板起面孔，要求女孩立即把贴画全部揭下来，并贴在自己相邻的两个手指上，把两个手指固定在一起。女孩一共在墙面上贴了三张贴画，结果三张小贴画就把自己左手的四根手指全部固定在一起，不能自由活动。

大约过了五分钟时间，女孩把手伸到妈妈的眼前动了几下，意思是可以把贴纸拿掉了吗？妈妈点了点头问："公共场合，不能乱贴乱画，记住了没？"女孩兴奋地边撕贴画边说："记住了，记住了，下次再贴，我把我的手全部贴上。"

女孩玩够了以后，开始收拾残局：她把废纸收拾好放在座位中间台面上的垃圾盒内，把还有用的贴纸一张张折叠好并整齐地放回大盒子里，然后把盒子盖上。开始她直接盖上面的盖子，盖上后盒子两边的折叠由于没有收进去，就留在盒子外面。女孩感觉不对，开始把突出在外的部分向盒子里插，反复尝试都没成功。最后她把盖子打开，先把两边的折叠面插好，然后再盖上盒盖，最终顺利完成任务。完成之后，女孩一拍巴掌，伸个懒腰，自言自语说了一句："OK！搞定！"

快到站了，母女俩收拾东西准备下车。女孩穿好衣服和鞋子之后，看到邻铺有一个比她更小的男孩，于是就直接把自己的盒子递给这个小男孩说："这个送给你玩吧！"男孩的母亲抚摸着女孩的头说："好闺女，谢谢你啊！"女孩回答："不客气，阿姨，我喜欢这个小弟弟！"于是快乐地回到母亲身边。母亲什么也没说，只是对小女孩竖了一下大拇指。

准备下车了，女孩不愿意戴帽子。母亲把女孩拉到面前让她站好，不由分说帮女孩把帽子戴好，并不准女孩动帽子。女孩乖乖顺从，手再也没碰过帽子。

如此特别的一对母女，真的让我感触颇深：什么是真正的家教？这对母女给我们树立了一个典型。

玩耍和游戏，是孩子童年的珍宝。孩子通过玩耍和游戏，于潜移默化中习得各种游戏规则，掌握相关规律，提升实践技能，促进身心的全面成长和发展。孩子自由随性地玩耍和游戏，家长不能干涉，不能控制，更不能剥夺。没有玩耍和游戏的童年，是不完整的童年；没有玩耍和游戏的生命，不是健全的生命。

俗话说，没有规矩不成方圆。家庭教育必须有原则、有规矩，原则不能违背、规矩不能破坏。在原则之内，规矩之中，家长给予孩子完全的自由和空间，让孩子依从天性独立玩耍；一旦原则的底线被触动，规矩被破坏，家长就要用权威和控制力，把孩子的违规行为控制住，不给孩子任何回旋余地，这才是真正意义上的原则教育。

玩耍和游戏、原则和规矩、爱心和安全、独立与自由，都是家庭教育至关重要的内容，或许每一个家长都会重视、都想做好，但是真正能够做得恰到好处的，能有几人？家庭教育并不需要多么高深复杂的思想理论，也不需要过多的原则和规矩，它所需要的，或许恰恰就是恰到好处、令行禁止！

猫妈
训子记

08

2016 年暑假，我陪儿子去上海德国大使馆办留学签证。

中午闲暇，我从外滩沿着黄浦江一路向北，参观完人民英雄纪念塔之后，穿过外白渡桥，沿着苏州河南岸散步。到达光陆大厦附近时，人行道上一大一小两只猫引起了我的注意。

由于大猫和小猫在河岸的绿化带中间安家，对每一个过路人都异常警觉，总是本能地远离和躲避，因此我断定大猫是被人遗弃的流浪猫，小猫是它的孩子。

由于我离它们相对比较远，而且又站着不动，因此它们并不在意我的存在。

我注意到：猫崽在人行道上独自玩耍，猫妈时不时地跑过来，大声吼叫，无情而又凶狠地刺激小猫崽，用尖爪和利齿，如同抓老鼠一样扑打和撕咬小猫。小猫受到妈妈突然的攻击，总是本能地露出利齿，张开尖爪，尖叫着反抗。就这样，猫妈攻击—猫崽被迫反抗—猫妈停止攻击—猫崽自顾自地玩耍—猫妈再攻击—猫崽被迫再反抗—猫妈再停止攻击—猫崽再自顾自地玩耍，反复循环。

我还注意到：猫妈无论对猫崽怎么无情和凶狠，都和猫崽形影不离，注意力全在小猫身上，片刻也不离开。

我趁猫崽不注意，快速强行捉住它，此时猫妈性情大变，对我大声吼叫，多次接近我试图解救自己的孩子。但是当我抱着猫崽，友善地召唤猫妈时，它温顺地趴在地上让我抚摸。可见，猫妈并没完全野化。

我把猫崽放开，然后远离它们，它们又开始了攻击和反抗模式。

我突然明白，原来猫妈是在训子啊！

这对流浪猫母子，在繁华大都市有限的生存空间之内，上演了精妙绝伦的训子大戏，让我为之动容和感慨。

无论猫妈如何攻击和折腾猫崽，猫崽仍然如故我，有空闲就自顾自地玩耍逗乐；无论猫崽怎么任性调皮，猫妈都始终不离不弃、关心爱护，这是多么深厚而又牢不可破的亲子关系啊！猫妈对孩子凶狠而又不停的折腾和训练，恰恰就是一种言传身教，使孩子在不知不觉中学会独自生存的本领，这恰恰就是最无私、最伟大的母爱！

试想，如果猫妈在猫崽小的时候，总是一味地迁就猫崽，让它舒服地享受，那么当小猫长大后，能独自存活吗？因此，猫妈的所作所为，关系到猫崽的未来；猫妈的任何偷懒和大意，都可能毁掉猫崽。由此可见，通过亿万年的遗传进化，它们能够完全依靠本能，完成对孩子的训练，使孩子在玩耍中学会独立生存，这真的很神奇而又令人赞叹。

人类是由动物进化发展而来的，和动物一样，不仅要生养后代，还要教育后代。为了孩子的未来，做父母的就必须理性而客观，在教育上的软弱或不忍，表面上是爱孩子，本质上是害孩子。

爱孩子就要让孩子想独立，能独立，会独立。孩子终究是要离开父母而独自闯荡世界的，离开父母之后，孩子能够独立自主地生存和发展，才是教育的终极目标。

猫都能让孩子独立生存，人类还能做不到吗？

美妈
教子记　⑨

美妈是远近闻名的感性、善变的美女。

美妈教子，更是把她的翻脸本领发挥到了极致。

当美妈心情好的时候，她会觉得孩子最可爱、最完美，无论孩子做什么她都认为是对的。

当美妈心情不好的时候，她就会觉得孩子最讨厌、最烦人，全身尽是缺点和毛病，做什么都不对。

尤其让孩子痛苦的是，妈妈今天要求他讲文明、懂礼貌、守规矩，明天可能教训他说讲文明、懂礼貌、守规矩的人是笨蛋；今天认为自己顽皮是可爱和聪明，明天就认为顽皮很讨厌，是恶习；今天要求他向东，明天就可能认为向东是错的；今天阻止他向西，明天却强令他非向西不可……

她要求孩子这样，往往没过多久，就又会要求孩子去做完全相反的事，从来就没有固定的原则和规范，自己的感觉、情绪、喜怒就是原则和规范。

总而言之，美妈对孩子的教育，总是跟着感觉走，朝令夕改，变化无常，没有定性。

在这种极端反复的教育模式下，孩子由最初的不知所措，到后来的习以为常，孩子活脱脱成了一个微缩版的美妈。

随着孩子的不断长大，美妈痛苦地发现：自己好的方面孩子没学会，善变却学得彻底，翻脸的速度甚至比自己还快。

面对孩子的善变，美妈突然感觉力不从心，甚至被孩子所影响。

他山之石
利于攻玉

——

第五章

——

213

美妈百思不得其解，自己教孩子的，孩子一样也没学会；自己没教的，孩子学得比谁都好，尤其是自己翻脸善变的特质。

　　直到现在，美妈才意识到问题的严重性：是自己的善变使孩子混乱迷失，是自己的善变使孩子不能稳定坚持，是自己的善变害了孩子。

　　于是，她迫不及待地找到家族德高望重的长者，向他寻求支持和帮助。

　　长者热情和善地接待了她。

　　美妈一五一十地把自己和孩子的情况向长者诉说了一遍，并表达了自己深深的担忧："前辈，我教孩子好的，他一样没学会；我没教的，他却无师自通，尤其是我的善变，他学得比我还要厉害，这该如何是好啊？"

　　长者："你的善变，使孩子做什么都没有固定的标准和参照，导致他凡事做也不是，不做也不是；做也不对，不做也不对，孩子究竟该怎么做才好呢？"

　　美妈："通常情况下，我认为好的通常都是不错的，我认为不好的通常都是好不了的啊。"

　　长者："同一件事情，在你心情好的时候可能怎么都是好的，在你心情不好的时候可能怎么都是不好的。事情没有变化，好与不好，只是你心情变化而已。究竟是事情本身就好与不好，还是你认为的好与不好呢？"

　　美妈："自然是我的感觉决定事情的好与不好了。"

　　长者："事情本身并无好坏之分，是你的认知和感觉，决定了事情的好坏。"

　　美妈："这难道有什么不对吗？"

　　长者："对于你而言，没有什么不对，但是对于孩子，就有问题了。"

　　美妈："为什么呢？"

　　长者："因为孩子不是你，孩子有自己的思想、认知和辨别是非的标准。"

　　美妈："那么小的孩子懂什么，我不教他，不告诉他，他会什么也不知道的。"

　　长者："如果你告诉孩子的是客观真实的东西，孩子受到教育和影响，会不断调整和改变自己的认知，变得越来越懂事和成熟。如果你告诉或教给孩子的是反复无常，没有定性的东西，那么孩子就没有办法对事物形成确定的认知，因此他就只能习得你翻脸善变的特质。"

美妈："确实如此啊，现在他的善变，早已超越我了，这可怎么办啊？"

长者："一切的一切，都是你善变的结果。对于孩子的教育原则和规范，如果不能保持稳定，孩子就不可能习得和消化吸收。如同风一样，你还没感觉到它的存在，它就离你而去了，你怎么能确定风的形状呢？"

美妈："教育孩子的原则和规范需要保持稳定？"

长者："教育的原则和规范保持稳定，是教育成功的前提和保证。"

美妈："如果不能保持稳定呢？"

长者："那么孩子注定什么也学不好，什么也做不好，教育注定要失败。"

美妈："我明白了，孩子的善变，都是我一手造成的；我害了孩子，孩子反过来折磨我，这就是报应啊。大错已经酿成，该怎么挽救呢？"

长者："唯有自救才能得救，唯有自改才能改人。"

美妈："您的意思是我才是一切问题的根源？"

长者："自然。自己的问题，还需自己解决，依靠别人是无济于事的，唯有自己率先改变。"

美妈："我明白了，要想改变孩子，先要改变我自己；要想孩子好，先要自己变好，但是怎么才能做到呢？请前辈明示！"

长者："很简单，对于教育孩子的原则和规范，一旦确定，就不再改变，一直坚持，一切就都会向你所希望的方向发展。"

美妈："俗话说江山易改，本性难移啊，我善变的性格能改变吗？"

长者："难移，并不是不能移。只要人的思想问题解决了，把事情想通想透了，下定决心，把改变付诸行动，改变也是很容易的。"

美妈："为了我的孩子，我一定先把我改造好。"

长者："是这样的，你先不要着急改变孩子，让孩子维持现状，先下决心改变你自己。"

美妈："不管别人，先把自己改好？"

长者："你别无选择，要想好，这是唯一可行之路。当你自己变好时，孩子就会自动变好。"

美妈："如果孩子没变好，就是我自己没改好吗？"

长者："最起码你没有实质性的改变，孩子是否有变化，就是你自我改变成功与否的直接标准。"

美妈："我知道怎么做了，谢谢前辈。"

长者："不客气，有一点你一定要记住：自己的原则或者规矩一旦确定，除非不合理，否则就一定坚持到底不再改变，以不变应万变，你的保持和坚持，才能换来孩子的保持和坚持。"

美妈："坚持就是胜利。"

长者："祝你好运！"

美妈回家之后，把自己关在屋里思考了很久，制订好了改变计划，然后开始付诸行动。

在改变的过程中，她不要求别人，只要求自己；她不改变别人，只改变自己。

经过一段时间坚持和努力，美妈已经脱胎换骨。

随着自己的改变，她惊喜地发现：她没有要求孩子做任何改变，但孩子已经变得让她不敢相信了！

美妈终于明白：如果自己不变，却要求孩子改变，那是根本不可能的事情；要想改变别人，首先要改变自己；自己改变了，别人就会自动跟着改变。

奇迹，就发生在自己改变的瞬间！

　　有一对夫妇，男人忠厚老实，不善言辞，也没什么爱好，每天除了上班就是吃饭、睡觉，对家里的事务不管不问。女人精明强干，能说会道，强势霸道，事事由她做主。因此，男人在家里根本就没有说话做主的权利，一切都是女人说了算，养育孩子当然也是女人说一不二。

　　女人共生了两个儿子，但养育方式却截然不同。

　　她对大儿子百般宠爱，衣来伸手饭来张口，从来不让做任何事情。即便上了初中，洗脸、洗脚、穿衣、吃饭都由她伺候，只要大儿子离开了她，就什么也不会做，什么也做不了。因此，当大儿子读高中时，由于生活不能自理，学校只好同意他走读。

　　她特别想要个女儿，但第二胎又生了个儿子。于是她就按照自己的意愿，把小儿子完全当女孩来养，无论是穿衣、吃饭，还是做事，都按女孩来要求。由于小儿子学习不是很好，她就强行安排小儿子在家干活做饭，压根就没指望他学习好或者有什么出息。结果到小儿子上初中时，就已经活脱脱成了一个女孩：平时喜欢照镜子打扮、穿裙子和花花绿绿的衣服，不喜欢和男孩玩，就喜欢一个人待在家里，尤其喜欢做家务。

　　她的这两个孩子，完全走上了两个极端。面对两个儿子令人担忧的现状，孩子父亲颇有微词，但根本不起任何作用，只能随他们去了。

　　他们这两个儿子，将来怎么工作、怎么独立生活、怎么组建家庭，都是大大的问题。父母再好，也不能照顾、陪伴孩子一辈子，孩子的路，还是要自己走。

他山之石
利于攻玉

第五章

一

母亲的强势加上父亲的边缘化缺位，于无形中毁坏了两个健康灵动的生命的未来。难道母亲想害孩子吗？显然不是，她认为这样就是对孩子的爱，这样就是对孩子的教育。是父亲不作为吗？只是作为长期边缘化缺位的人，父亲什么时候能当家做主呢？

　　母亲强势愚蠢，父亲边缘化缺位，对孩子而言，是最具毁灭性的家庭成长环境。

实习推动
成长

⑪

毕业实习的实质是学校为学生安排的专业对口的实际工作操练，属于工作前学校和社会对接性预演和排练。大四上半学期，根据课程计划安排，儿子跟老师和同学一起，去四川偏远山区一个专业对口单位实习。

这些平时养尊处优的大学生，一旦离开家庭和学校便状况百出。向父母打电话诉苦，几乎成为每一个学生的必修课。

儿子自然也不例外，到目的地刚安顿好，就迫不及待地给我打电话。

儿子："老爸，我们实习的地方又穷又烂，在鸟不拉屎的破山沟里。"

我："那儿有鸟吗?"

儿子："肯定有。"

我："如果鸟都不拉屎，肯定全部得憋死，怎么活得好好的呢?"

儿子大笑："有点儿夸张，不是鸟真的不拉屎，只是夸张形容一下这地方环境条件差劲而已，没那么严重。"

我："再差的环境条件，也有生物生存，沙漠中生存着无数动物呢。你说的地方可能交通不大便利，环境不是很理想，生活也不是很优越，但是你实习的单位那么多人，包括周边的当地居民，祖祖辈辈都生活在那里，他们觉得苦，觉得差，觉得不能忍受吗?"

儿子："他们早就习惯了，再说了，他们就是想离开家，条件也不容许啊!"

我："一方水土养一方人，没有人适应不了的环境，除非他另有更

他山之石
利于攻玉

——

第五章

——

219

好的选择。"

儿子没再言语，因为他必须在那里待着，而且要等到实习期满才能离开。

第二天早上天刚亮，电话又来。

儿子："老爸，所有同学都睡一个大礼堂里，半夜有人打呼噜，有人说梦话，有人起夜，根本没法睡觉，难以容忍。"

我："老师能不能忍？"

儿子："老师好像就是当地人，似乎很习惯。"

我："其他同学都能忍受吗？"

儿子："绝大多数同学都要崩溃啦！"

我："长那么大，没经历过这样的集体生活吧。"

儿子："没有，连想也没想过，还有这样的集体生活。"

我："我从开始工作到现在，已经几十年了，其中，这样的集体生活，相当普遍。但凡出差或外出培训，两个或三个人住一个宿舍，就没有遇到过不打呼噜的，而且呼噜打得震天响，除非你不睡觉，否则你就得忍受。"

儿子："男人都打呼噜？"

我："成年男人，几乎个个打呼噜，睡觉不打呼噜的真的很少。"

儿子："那也太可怕了吧。"

我："可怕归可怕，但现实谁也无法改变，只能自我调整适应，跟你现在的境况一样，没有选择的余地。"

儿子："确实没有选择，但是心里不舒服啊！"

我："人是不可能独自生活的，人人都生活在群体之中。群体中的人各种各样，不可能人人都能顺你的心意，总是会有让你无法忍受的存在。因此，面对生活和工作中没有选择的不理想境况，生气、指责、抱怨和逃避是没有用的，那只是自己折磨自己，自己让自己不好过，对别人并不会产生什么影响和作用。最理想、最智慧的选择，就是学会理解和接受，学会调整和适应，让自己尽可能好过一些，快乐一些。"

儿子："老师太霸道、太不理解年轻人，规定晚上10点必须熄灯睡觉，第二天早上7：30必须起床，老师也知道，我们在学校都是夜里12点以后睡觉的，让我们突然10点就睡，怎么能睡得着？第二天又怎么起得来？"

我："入乡随俗，单位有规章制度，对事不对人，没有特殊化，否则集体和单位就无法统一行动了。自由主义在单位和群体中是无法生存的。所以，睡不着，就调整自己的睡眠适应，起不来，也必须起，没有选择的余地。"

儿子："唉，没想到一个破实习非要搞得那么复杂和正规。"

我："实习就是工作前的预演和排练，从过程上讲，实习就是实际的工作，你现在不能忍受，以后怎么忍受？凡事都需要顺应和适应，哪能事事称心如意。"

儿子："更加可恶的是，早上 8 点开饭，如果赶不上饭点，早上就要饿肚子，周围又没有饭店、小吃部，饿了想吃东西都没有啊！"

我："既然不愿意起床，赶不上饭点，那就饿着吧，反正现在的大学生吃早饭的也不多。"

儿子："那怎么行，实习还有很多体力活，不吃饭哪有劲，早饭必须吃。"

我："你在学校从来没吃过早饭吧。"

儿子："起不来，怎么吃？"

我："在学校为什么可以不吃早饭？因为只是上课学习，或者闲玩，没有硬任务，再说了，在学校课间时间，随时都能买到吃的填肚子，所以早饭不吃也感觉不到什么。但是实习与学校生活完全不一样，实习时，你就觉得不吃早饭不行，为什么会有这样的变化呢？是因为环境，环境才能真正改变人啊！"

儿子："不是环境能改变人，是没有办法，没有条件啊！"

我："一个人一旦养成某种习惯，往往顽固而又难以改变。但是当一个人进入一个陌生的环境或群体中时，他的习惯可能根本就不存在，为什么？因为习惯所赖以生存的土壤没有了，习惯根本无法存在。这说明什么问题？说明人的习惯不是不能改变，而是没被逼到份上。环境能改变一个人的不良习惯，但这种改变通常是没有实际意义的，因为那是环境所迫，并非自愿为之。当他重新回到原有或类似环境之后，他的旧习便会卷土重来，而且会更加严重和无法控制。如同戒烟的人戒烟一段时间之后复吸一样，复吸的抽烟量和上瘾程度，会远比戒烟前更加严重和剧烈。不过这也从侧面证明，人的习惯并不是不能改变的，而是一定能够改变的，甚至改变起来是相当容易的。"

儿子："确实是这样，并不是我想改变，而是不改不行而已，回学校之后，当然会一切照旧，并不因实习的改变而有所改变。"

我："消极被动的态度和行为，于己于人都是无益的，因为人的任何不良思想言论和行为，如果反复呈现，无论有意还是无意，都会慢慢渗透到人的潜意识，成为人自动自发的习惯模式。一旦消极成为习惯，就会变成消极性格，那消极的危害和不良影响就将持久而无处不在，可见凡事保持积极是何等重要，我希望你不要被消极所控制和左右。当人面对不理想的环境条件时，不逃避，不悲观，不抱怨，不怨天尤人，不自己痛苦消极，更不丧失信心和动力，而要在不理想的环境条件下，找到属于自己的快乐、生命意义和价值，这才是人生的大智慧，而且是很难学的大智慧。"

儿子："知道了，我会学着适应的。"

第二天晚上，电话又来了。

儿子："老爸，完蛋了，我来实习只背了个书包，什么也没带，各种必需的东西都没带，这怎么办才好？"

我："什么也没带，还能回去拿不？"

儿子："这怎么可能，这么闭塞的地方，公交车都很少，离学校又远，再说了，导师根本不可能同意我回去拿东西的。"

我："既然不能回去，那就想办法吧。"

儿子："办法怎么想啊！想了也没有啊！"

我："实习前老师没有交代要带必需的东西吗？"

儿子："交代了，我没当回事，以为实习的地方要什么有什么呢，带那么多东西干嘛呢？结果并不是那么回事。"

我："其实，即使你意识到实习的地方什么都没有，你也一样不带什么东西，为什么呢？因为你从小到大，无论什么事情，都是你妈妈提前为你考虑和准备周全，你根本就没有这方面的意识和习惯。"

儿子："确实是那么回事，只是现在怎么办才好呢？"

我："困难没有办法多，你需要用的东西，可以向同学借，可以向老师求助，也可以向实习单位的领导或工程技术人员求助，还可以去附近的商店买，总之，只是不方便而已，只要想办法，没有解决不了的问题。"

儿子："也只能这样了，别无选择。"

我："社会和他人不是家庭和父母，不可能样样关照你，替你把事情提前安顿好。父母没教你的，社会和他人会帮助父母来教育你。一个人的人生之路，必须靠自己去走，自己当前所面临的麻烦、不便和挫折，都是自己之前的思想意识和行为习惯所导致的结果。面对自己麻痹大意所造成的结果，必须由自己解决，不要依靠任何人，也不可能依靠任何人。人，只有在经受了刻骨的挫折或失败之后，才会获得相应的经验和能力。从亲身经历中获得的经验和能力，是从书本上和他人处学不来的，是他人教不会、帮不了的，这才是人生最宝贵的财富。"

儿子："这些大道理我都懂，但是根本解决不了现实问题啊！"

我："大道理就是帮助你解决现实问题的，好好思考和实习吧。"

此后一周没有电话，第九天，电话又到了。

儿子："老爸，向你汇报个好消息。"

我："好啊，我就盼望着你的好消息呢。"

儿子："一起来实习的很多同学，到现在都不能适应，有几个甚至想逃跑呢！"

我："能逃得了吗？"

儿子："能是能，但是没人敢啊！实习逃跑，怎么毕业呢？想知道我是怎么做的吗？"

我："当然。"

儿子："我主动做了他们几个的思想工作，把我怎么想、怎么做、怎么适应的和他们分享，他们受我影响，已经能够安心实习了。"

我："非常好，帮助别人就是帮助你自己，你帮助别人渡过难关，你会获得更快的进步和成长，最受益的，是你自己啊！好样的，继续努力！"

实习顺利结束，儿子收获满满，成长突飞猛进。

教育是引领和扶持，不是给予和替代，解决孩子的思想认识问题，给予孩子未来和希望，胜过给孩子物质和财富。

他山之石

利于攻玉

——

第五章

——

工作晋升重要，
还是孩子的学习教育重要？

杰平时话不多，对工作认真负责，细心周到，是某国有企业的专业技术人员。他最大的优点是做事情认真，对任何他认为应该做的事情都喜欢较真，追根究底，不弄明白决不罢休。

杰较真和负责的脾性，在教育儿子方面表现得淋漓尽致。

从儿子上学开始，他就一直坚持订阅少年科学技术类杂志和家庭教育类杂志。儿子在学习，他比儿子更加认真努力地学习。

在儿子上初中时，他因工作需要被安排到外地开拓市场，养育儿子的重担自然而然地就落到了他媳妇身上。母亲的繁忙和父亲的缺位，使孩子一度处于管理失控的状态，学习成绩直线下降，初一期末考试，语文只考了 62 分，名列年级倒数第三！

儿子的学习由年级前十突然下滑到年级倒数，杰意识到了问题的严重性，他考虑再三，毅然放弃了外地优厚的工资待遇和晋升机会，回来看护孩子的学习。

在他看来，孩子正是贪玩的时候，在这个时候指望孩子管理好自己，自觉主动地学习，或者为了未来而努力，是根本不现实的。在青春躁动的关键时期，孩子需要父母的引领和管理。

他为了让儿子在网上接受高质量、高水准的教育，决定购买电脑。他前后用了三个月的时间，对当时所有品牌的电脑、电脑软件、电脑配置、网上远程教育网站和如何防止孩子上网玩游戏等方面进行了全面细致的调查，经过专家推荐和自己反复挑选，最后终于选定了他满意的电脑和在线教育网站，给电脑安装了网络爸爸软件，亲自引导和帮助儿子上网学习。

他的观点是：孩子谁都会生，但是教育孩子，100 个中有 99 个家长根本不懂如何做。家庭教育是一个系统工程，不是简单地做一件事或说一句话，更不是靠武力和呵斥，而是要靠科学的方法，稳定的态度，正确的思维，良好的配合，科学的目标，和长期的努力，任何敷衍了事或简单轻率的做法都不可能达到预期效果。

在他的督促和帮助下，儿子迷上了网上同步教学网站，在不到两个月时间里，能够自觉主动地学习和安排自己的学习和生活，电脑让儿子发生了翻天覆地的改变。

对电脑而言，目前中国许多家长是反对给孩子配电脑的，因为电脑游戏和网络往往会让孩子着迷和忘记学习，有数不清的青少年因迷上游戏而葬送了自己的前程。

人有太多的时候是很难控制自己的，不仅孩子如此，大人同样如此。

但是杰大胆地做了别人不敢做的事情，他相信，只要正确引导、科学教育，孩子就不会走上歪路。

实践证明，他的做法是正确的，成效特别明显。

儿子在初二期末考试中，力压群雄，以绝对的优势位列年级第一名，这是他做梦也不敢想的事。儿子年级前三的排名，一直保持到初三毕业，并以优异的成绩被当地最好的高中录取。

高中三年，他儿子的学习成绩一直名列前茅，奥数成绩尤其优异，在 2007 年度全国中学生奥数竞赛中，在全年级 3000 多名学生中，他成了 3 名幸运参赛者之一，并如愿以偿地考入了全国重点大学。

杰对自己的家庭教育是满意的，并一直引以为豪，毕竟儿子的成绩和进步说明了一切。

究竟是工作晋升重要，还是孩子的学习教育重要？当两者不能兼得时，家长究竟该如何选择？很少有家长能够精准选择，做得恰到好处。

每一个做父母的都有责任把自己的子女教育培养得更好，让他们成为对国家、对社会和对人类有用的人才，只有这样，家庭才能兴盛，国家才能发展，社会才能进步，明天才会更好。

13 小鱼真的
怕黑吗?

6岁的小鱼极度怕黑，晚上只要关灯，就不敢睡觉。父母绞尽脑汁，用尽各种办法，都无济于事。

然而奇怪的是，当小鱼和父母睡在一起时，无论多么黑暗，他都睡得安稳又香甜，这让小鱼的父母百思不得其解。

小鱼真的怕黑吗? 显然不是，他害怕的不是黑暗，而是黑暗中的孤独和无助。

小鱼为什么会怕黑呢? 这与小鱼的父母有关。

原来，由于工作关系，小鱼的父亲经常早出晚归，每天晚上很晚才回家。也就是说，在小鱼父亲回家时，小鱼早已进入了梦乡。

小鱼的父亲是做销售工作的，每天的应酬不断，导致他经常醉醺醺地回家。而小鱼的母亲最讨厌喝酒，尤其不能容忍自己的老公喝醉酒。于是乎，每次小鱼的父亲喝醉了回到家，就不可避免地引发家庭战争，日复一日，年复一年，父母一度闹到离婚的程度。

完全可以说，小鱼总是在睡梦中突然被父母的争吵甚至打架惊醒。每次面对父母激烈的争吵或扭打，小鱼只能无助地哭泣。

处于矛盾和冲突中的人，会把全部精力集中于双方的冲突之中，根本想不到，也无暇顾及孩子。然而，当小鱼从睡梦中惊醒，并且因恐惧而哭泣和发抖时，小鱼的母亲会第一时间停止争吵，迅速来到他身边，竭尽所能地给予他呵护和关爱。而小鱼的父亲，也会因惊吓到儿子而内疚不已，一方面不停地给小鱼的母亲道歉，另一方面也加入到呵护和关爱小鱼的队列中。激烈的争吵和打闹，因小鱼的惊吓和哭泣而迅速停止，对于终止父母的矛盾和冲突，小鱼起到了至关重要的作用。

由于小鱼经常在睡梦中受到惊吓，所以在他独自睡觉时，会经常半夜惊醒，然后哇哇大哭。而只要小鱼一哭闹，父母就会迅速来到他的身边，给予他温暖的呵护和安全的守护。

父母经常闹离婚，导致小鱼缺失安全感。缺失安全感的孩子，总是会变得异常敏感，即便是风吹草动，也可能令他惊慌恐惧。当孩子被恐惧占据时，受到本能的驱使，就会第一时间寻求父母的呵护和关爱。日复一日，小鱼学会了如何让父母不吵、不打、不闹，也学会了如何迅速获得父母的关爱和陪伴。不知不觉中，怕黑和哭闹，成了小鱼改善父母之间的关系，缓解家庭矛盾，获得关爱和呵护的习惯。当怕黑的恐惧开始泛化，怕黑就不再是单纯的恐惧，而是变成了条件反射，只要灯一关，立即就会触发小鱼内心深层的恐惧和不安全感，最终小鱼就再也不能关灯独自睡觉了。

所以，怕黑，本质上不是小鱼的问题，是家长的问题。小鱼无意中成了和事佬，成为家庭稳定和谐的核心所在。这种扭曲的稳定与和谐，是以小鱼牺牲安全感换来的，不能不说是一种悲哀。

家庭是温暖、安全和稳定的港湾，对每一个成员来说都是非常重要的。任何家庭发生的矛盾和冲突，所有成员都会本能地希望尽快获得解决，以保证家庭的安全和稳定。当家庭稳定不能实现时，所有家庭成员的愿望就是寻找一种彼此都能接受且受到的伤害最小的方式来解决问题，孩子的独特表现，只不过是变相表达方式，保证家庭和谐稳定与发展。

家庭成员之间的冲突，是家庭生活的调味剂，是日常生活中不可避免的现象。但是，所有家庭的冲突，只是家庭生活的小插曲，不是主流，稳定、安全、和谐、快乐才是家庭的主流。一旦家庭成员间发生矛盾或冲突，解决问题则是所有家庭成员义不容辞的职责。当大人之间无法解决问题时，孩子自然就承担起解决问题的角色。由于孩子的角色是解决问题的，所以无形中就把一种负面消极的东西强加到自己身上，甚至家庭成员间的潜在压抑和愤怒，也能传递给孩子，这无形中强化了孩子在某一方面的反应，最终把家庭问题转嫁成孩子的问题。

家长的自私、任性所导致的不良后果却要让孩子来承担，这是孩子的噩梦，而且是会祸害终生的噩梦！

生养孩子，就要竭尽全力为孩子创造安全稳定的成长环境，就要尽己所能把孩子教育好，让孩子成人成才。生养孩子不是为了伤害孩子，或许没有家长愿意伤害自己的孩子，但是却在无形中不断地让悲剧上演，这不能不说是为人父母的悲哀。

勇敢的"钢铁侠"
不勇敢

一天，我在公园散步，遇到一个四五岁的小女孩拉着一个比她大一些的小男孩在玩耍，男孩右手拿着一个"钢铁侠"玩具。

开始我只是看到他们手拉着手玩耍，但小女孩一个不经意的举动，却引起了我的注意。

两个小孩正在一起开心玩耍，突然间小女孩故意用脚尖踩男孩的脚，见男孩没反应，女孩接连又踩了几次，男孩依然没有反应；女孩既好奇也不甘心，想想可能是踩的力度不够，于是就用脚跟使劲踩，见男孩依然不为所动，女孩索性使劲转着脚跟踩，男孩依然无动于衷；最后，女孩显然丧失了耐心，开始生气，用脚跟狠命去踩男孩的脚，这次男孩终于有了反应，挺直腰杆大声说："我是钢铁侠，我不怕踩，我不疼！"

钢铁侠就不怕疼？不怕疼还要用那么大的声音来证明？很显然，钢铁侠也会疼，而且一定会很疼。

结果正如我所料，女孩看男孩还是那么硬挺，直接坐到地上把鞋脱掉，手拿鞋用鞋跟使劲砸男孩的脚。女孩就使劲砸了一下，男孩的腰杆就再也挺不直了，迅速蹲在地上，双手抱着脚号啕大哭。

女孩终于如释重负，轻松地站起来把鞋穿上，一脸不屑地用手指头来回刮着男孩的鼻子说："羞羞羞，你不是不疼吗？你不是钢铁侠吗？怎么哭起来了？哭得好可怜哦！"

男孩不听则已，听后哭得更伤心，索性把手里的钢铁侠一扔说："我再也不做钢铁侠了，疼死我了！"

是男孩勇敢，还是女孩坏？男孩并不勇敢，女孩也不坏。

为什么会出现如此的结局？因为对孩子闹着玩式不良行为的纵容，往往能诱导其发展成恶性的伤害行为，使玩闹变成伤害！

女孩开始踩男孩的脚，肯定是闹着玩的，是不会用力的。后来之所以不断变本加厉，完全是因为男孩的反应没有达到女孩的预期，或者没有及时制止女孩的不良行为，是男孩的纵容并诱导了女孩的不当行为。可以想象，如果家长对女孩的不良行为也总是视而不见，听之任之，或者纵容，或者认为只是恶作剧而不加以制止，那么必然导致女孩的不良行为不断被强化，演变成伤害行为。

教育不是纯粹的知识、才艺和能力的培养，更重要的是思想和行为习惯的塑造。家长的责任和义务，就是让孩子的言谈举止始终合于正善，防止他们误入歧途，让正而善的言谈举止内化入潜意识，变成自发的行为习惯。如果孩子品行不好，即便多才多艺、能力超群，也不能算是真正的人才。

对事物的管理或控制，都要遵循初始控制法则，即只有在事物初始阶段实施有效的管理控制，才能使事物朝目标方向成长发展。如果等事物按照自身的规律发展壮大，再想人为对它进行管理控制，往往就会非常困难，甚至根本管理控制不了。因为事物已经发展成型，此时再想强行扭转或改变，对它进行全新的改变和塑造，无异于脱胎换骨，难度可想而知。

《道德经》讲："为之于未有，治之于未乱。"家庭教育的智慧，就是对孩子的不良行为，在没有表露之前或者没有发展之前进行管控，将它们扼杀在萌芽状态，如此才能事半功倍。

震撼心灵
的家长会　⑮

初中二年级第一学期期中考试，儿子的成绩出现了前所未有的整体性下滑。这个突如其来、令人不安的结果，让我突然之间产生了危机感和责任感，不得不从幕后转到前台，开始关注并担心他的学习。

期中考试后，学校召开家长会，我第一次主动参加，让儿子惊恐不安。

一个小时左右的家长会，让我深思，让我震撼，让我警醒，让我的思想和认知发生了翻天覆地的改变。

正如班主任所说："现在什么重要？还有什么比孩子的学习重要吗？孩子的学习现在不抓，准备到什么时候再抓？醒醒吧，多费点儿心吧，把工作以外的时间多放在关心孩子学习上吧，已经没有等和靠的余地了呀，家长们！"

确实，初中三年，就如长跑比赛：初中一年级是热身（仅仅是热身），学习成绩并不能代表什么，只能说明学生的热身运动做得怎样；初中二年级是长跑的中间相持阶段，是稳中求进阶段，是学生成绩分化最关键的阶段，如果在这一阶段落后了，以后想赶上去会很难，如果现在保持住，那么以后还有冲刺的条件和可能；初中三年级是冲刺阶段，是在原有基础上的快速巩固和提高，是紧张有序，竞争激烈，完全拼老本的时期，在这个阶段，如果没有老本可拼，就只能拿命来拼，如果基础实力雄厚，自然会一往无前，胜利在望。

初中二年级，是学生、家长和老师比智力、比素质、比耐力最关键的一年！

他山之石　利于攻玉

——

第五章

——

231

可是在目前的社会大环境下，老师和家长如何管理、对待和指导学生的学习，如何为学生营造一个最佳的学习生活环境，让学生在学习上、生活上、思想上和行动上都得到全面、健康发展，是摆在老师和家长面前最现实的问题。目前学校及社会上的种种现象，让众多的老师和家长都深深地感觉到：如今对下一代的教育，真的让人感到吃力、迷茫和无助。现在年轻一代的思想观念、认识水准、接受能力和活跃程度，已经远远超过了老一辈，似乎根本就没有办法找到让学生信服的思想观念，没有办法找到让学生学以致用的标准和做法，没有办法找到真正适合学生健康成长的社会软环境！

　　现在的学生，主要可分为四大类：

　　（1）贪图享受型。贪图享受是绝大多数学生所共同具有的劣根性之一。当下的学生，大多是独生子女，家长因为疼孩子、爱孩子，生怕孩子吃亏受屈，以为孩子营造一个良好的成长环境为借口，无条件地在物质上满足孩子的各种欲望，在行动上给予完全自由，在思想上给予高度宽松，虽然有为数不少的家长相对比较理智，但在不少情况下还是抵抗不了孩子的任性和撒娇，实际效果并不理想，从而让孩子从小就养成了好吃懒做的不良习性，严重影响了孩子的健康。

　　（2）放任自流型。很多孩子的家长为生存所迫，既没时间也没精力过问孩子的学习。孩子没有家长的管束和教育，为所欲为，根本不把学习当回事。

　　（3）自觉主动型。这类学生是天生的自律型人才，他们不管出生在什么样的家庭，也不管社会环境如何，更不管学校和老师如何，他们完全会自觉主动地去学习，去生活，根本就不用家长操心、费神。他们往往是学习上的尖子生，在学习方面，有时候甚至比老师更有见解和能力。这类学生为数不多，但却是将来最有出息的群体，是可遇而不可求的学习天才。

　　（4）消极散漫型。这类学生本性懒惰，没有自觉性，不具备积极主动的意识和习惯，很少会自觉地把精力集中到学习上。他们的学习，几乎需要靠强制、靠约束。如果让他们自觉去做什么，你永远不要抱太大的希望。这类学生以中等生居多，是家长和老师最头疼和最难管理的群体，也是学生中的主流。如果教育好了，有的可能会成人成才，如果教育不当，引导不力，他们可能就会从此一蹶不振，再也没有成才的希望。

所以说，一个学生学习成绩的好坏，并不是偶然的，好学生永远只有少数，永远只是自觉主动的人。学习是自己的事，学习需要自己去想去做，其他人只能起到引导、教育作用。要想真正提高学生的学习成绩，最重要的莫过于培养学生浓厚的学习兴趣、良好的学习习惯、坚强的毅力和吃苦精神、诚实守信的习惯和正确的学习态度，形成自己独特有效的学习方法，让优异的成绩时时鼓励他、鞭策他，从而达到自觉积极的学习目标。只有这样，才能提高学习成绩，这也是每一位家长和老师应当思考和解决的问题。

有人说，学生是没有自觉性的，甚至连一点儿自觉性都没有，他们只有靠家长、靠老师，否则不可能有好的学习成绩。对大多数学生而言，这样的说法无疑是正确的。某一乡镇重点中学，历年来学生的学习成绩在当地都名列前茅，从那里出来的学生，名声都是响当当的，为什么呢？有人对该学校进行了调查，发现该学校对学生的管理极其严格，所有的学生，原则上全部住校，统一作息时间，统一伙食，统一规章制度，对任何违反规定的学生，处罚力度很大。该校的学生早上6点起床，起床后就进行常规早操，早操后就是统一早读，到规定时间就吃早饭，然后就是上午正式上课。中午下课就吃饭，吃完饭后没有午休，所有学生统一到教室趴在自己的座位上休息一会儿，就开始做作业，接着就是下午上课，课后是统一的课外活动时间，活动内容有统一的规定。接着就是晚饭，晚饭后就是晚自习，到晚上9点半晚自习结束就统一休息。每顿饭规定时间是半小时，每两周只休息一天，其余所有时间都在学校按规定的时间和内容进行学习。由于学校对所有学生的要求一样，不搞特殊化，所以大家相处得比较平和，没有无聊的攀比，没有不公正的待遇，没有复杂的社会环境，只有优良的同学关系和良好的学习环境，这对学生的思想稳定起到了积极的作用。事实胜于雄辩，成绩说明一切，谁也没有足够的理由证明这样做是不对的，因为现在并没有更好的办法能让所有学生的学习都好起来。在教育方面，事实上根本就没有统一的方式和方法，谁能找到合适的教育方法或手段，把学生的成绩搞上去了，谁就是这方面的权威和成功者。

现代人最大的弱点就是说的比做的好，普遍缺乏说了就做，要做就做好并坚持下去的精神。在教育子女上，绝大多数家长只是停留在口头上，真正能落实到行动上的少之又少。如果家长要求孩子做到的，自己却做不到，如何能让孩子信服和效仿？身正才能影子直，榜样的力量是无穷的，要求孩子做到的，家长要首先带头做到，而且要做得更好。家长还要做的就是自始至终保持稳定的情绪态度、方式方法、语言及作风和处罚手段。切忌朝令夕改、简单化和反复无常，只有这样，管理才有效力，说话才有分量，效果才会明显。

希望人类的进步能跟上社会、经济发展的步伐，希望人类在改造世界的同时能注重人类发展的可持续性，也希望全人类在取得前所未有的进步和发展的同时，能在政治上、经济上、文化上和思想道德上为下一代营造一个良好的学习和生活环境，培养和教育出优秀的下一代，实现人类社会的全面均衡发展。

当子女的难，做家长的更难 ⑯

一次同学聚会，一位女同学带着她十一岁的女儿一同赴宴。席间，在谈到子女学习问题时，我感慨地说："现在的孩子，如果能自觉主动学习，就太难得了！"女同学当即问女儿："你说现在主动学习的孩子多不多啊？"女孩答道："一个也没有！"我感到很惊讶，问："你学习那么认真，成绩那么优秀，难道不是自己想学、主动学的吗？"女孩回答："是被逼的！"

确实，爱玩是孩子的天性，没有孩子不想玩，没有孩子喜欢被大人们强迫着做这做那，学这学那。通过玩耍，孩子能得到更全面更系统的学习和锻炼，他们的大脑、认知、身心系统的协调能力等在玩耍中能得到全面健康的发展。然而，在竞争日益激烈，就业和生存门槛越来越高的今天，一个人如果没有一定的知识水平和过硬的能力，想在芸芸众生中占有一席之地并能出人头地，确实是难上加难。深受中国传统儒家文化影响的中国家长们，在"万般皆下品，唯有读书高""书中自有黄金屋，书中自有颜如玉""读好书才能成大器"等思想的影响下，面对残酷的社会竞争和生存压力，为了让自己的孩子能有个美好的将来，明知强迫孩子学习，剥夺孩子玩耍时间是很残酷且不符合孩子成长规律的行为，但仍然逼着孩子按他们所规划的路走下去。似乎每一位家长都有足够强迫孩子的理由，那就是：人家都那么做，你不做，能行吗？

是啊，人家都那么做，你不做，能行吗？如果人家那么做了是有效的，那么你有什么理由坚持自己的原则？教育孩子没有统一的标准及规范，古今中外也没有任何百试百灵的教育模式，往往是谁的孩子成绩优

他山之石，利于攻玉

第五章

一

235

异了，有出息了，谁的教育方法就是对的，教育就是成功的。殊不知，人人都是与众不同的，世界上没有完全相同的人，任何模式及方法，如果不顾个人特点而盲目引用的话，结果往往会不尽如人意。用什么方法，如何教育才能有效，这是摆在所有父母面前令人困惑却又不得不认真面对的问题。特别是在中西方文化相互融合的今天，古代那种"棍棒之下出孝子"的教育模式越来越受到质疑和否定，西方那种尊重孩子、以人为本的教育方式越来越为人们所接受。问题是不论东方还是西方，都没有切实可行的教育模式可供采用，都没有固定的标准可供参考，需要的是父母们能看清问题所在，有针对性地施教。

俗话说："严是爱，松是害，不管不教是祸害！"也有句古话叫"玉不琢，不成器"。有太多的孩子由于家庭管教不严或者无人管教而堕落，也有太多的孩子由于家长管不了而成为问题少年。有一对夫妇，他们都是 985 重点大学的高才生。结婚后，他们有了个活泼可爱、学习成绩相对不错的儿子。应当说，他们对孩子是满意的，是充满希望的。按女方的观点，他们两人都是 985 毕业，孩子将来非 985 不上。在这种思想的指导下，他们对孩子的管制越来越严，孩子的自由时间越来越少，孩子也变得越来越沉默寡言。在孩子上初一时，由于学校离家较远，而且两人都要上班，无法时时关注孩子，孩子的自由时间相对就多了起来。一个偶然的机会，在班里同学的影响下，他逐渐迷上了网络游戏。从此，他的学习成绩开始下滑，最后竟然拒绝上学。作为家长，不能眼看着孩子误入歧途，于是他们对孩子采取了更为严厉的措施：每天回家后要汇报在校的学习情况，在学校做了什么，然后他们再逐一核对，如果发现孩子说谎，结果是可想而知的。一方面是孩子迷上了网络游戏不能自拔，另一方面是家长施加的压力太大，在欲望得不到满足和强大的家庭压力之下，他开始逃学、厌恶学校、厌恶家长，甚至厌恶所有人。于是离家出走、逃学便成了家常便饭，最后干脆直接休学在家！家长如果管急了，他就离家出走，如果不管不问，还能在家待几天，但是什么也不干，除了吃饭就是玩游戏。有一次，他在离家出走一周后在网吧被母亲找到，母亲苦口婆心劝说，可他就是不愿意回家，在万般无奈之下，母亲打 110 报警。由于警察的到来，孩子愤怒地当着警察的面把母亲推倒在地，然后才不情愿地跟着警察回到了家。他的母亲伤心欲绝，可是又有什么办法呢？最后他们经过商议，为了孩子的安全，只好退而求其次，允许他不上学，允许他在家玩游戏，前提条件是不许离家出走。孩子一看有游戏可玩，而且也不再有人管，就很爽快地答应下来。其间，他父亲想掐掉网线逼他上学，结果他立即离家出走。最后这对夫妇只好完全妥协。虽然有不少亲戚朋友和好心人经常给他们出主意，想帮帮这孩子，但都被这对夫妇以孩子已经不可救药为理由推托了。

有一位乡村医生，在他儿子上初三时，由于工作关系，和孩子在一起的时间相对较少。孩子在无人管理的情况下，逐渐迷上了网络游戏。一直以来，这孩子都是偷偷地玩，从来没被父母发现过。后来，由于网瘾比较大，他在母亲睡着后，偷偷地去上网吧玩游戏。一次没被发现，两次没被发现，逐渐地，开始大胆起来。晚上偷偷出去是普遍现象。后来他母亲因为夜里起来给他盖被子，才突然发现孩子并不在家。她立刻意识到了问题的严重性，于是立即招呼亲朋好友四处寻找，结果都没找到。第二天早上五点半左右，孩子出现在家门口。由于没被抓个正着，在母亲的严厉责问下，拒不承认出去玩游戏，只说在同学家玩，困了就在那睡了。母亲愤怒地要对他动手，结果他一下子把母亲推倒在沙发上。这位母亲感到悲痛欲绝，坐在沙发上哭个不停。最终她儿子被感动了，"扑通"一声跪倒在母亲面前，承认自己错了，发誓以后再也不偷偷去网吧了。这孩子还真说到做到，从那以后就再也没去过。应当说，这位母亲是幸运的，毕竟孺子可教啊！

我的儿子在玩游戏方面，也让我们头痛不已。开始在家玩游戏时，我们并没在意，结果他玩上瘾了，于是便一发而不可收，最终影响到了学习。于是我们立即采取行动：限制他的零花钱，不让他在家玩游戏。由于网瘾比较大，他作业只是草草完成，然后立即下楼，说是找同学玩，实际上是到同学家玩游戏。我们发现后限制他外出，做完作业后必须老实地待在家里，哪儿也不许去。他看同学家玩不成了，网吧又没钱进，只好打家里电脑的主意了。我开始只是给电脑设密码，结果他能破解；把电脑电源线藏起来，结果他能用电饭煲的电源线代替。有一次，他一人在家，由于我要出差，就提前回家，发现他和另外两个孩子都在电脑前玩，电脑是关着的。我没有说话，就下楼办事。约一个小时后回来，发现他们还在电脑前玩，电脑也没打开，我同样没说一句话。接着晚上回来，看到他们还在电脑前玩，但那并没什么好玩的，儿子一见我到来，就立即把其中一个同学摁倒，做样子给我看。其实他什么都不做我也知道他在干什么。第二天早上，我上班先走，把他自己留在家，中午回家后，我发现早上给他盛饭的碗就放在电脑前面，我一句话也没说。这样过了约一个月，儿子偷偷地背着我们上网玩游戏，我们突然回来后，他虽然做了手脚，但我们心里明白他到底做了什么。当时，我和他妈妈什么话也没说。晚饭后，在忍无可忍的情况下，我让他坐在沙发上，开始对他进行思想教育。我问他："上次我们外出时你在家干嘛了？"他说："做作业了。"我问："今天你干嘛了？"他说："做作业了。"我对他说："我不希望你继续撒谎，我只希望听你的实话，这两次你到底干什么了？"他半天没说话。接着我把他两次的行为一点儿一点儿地分析给他听，并把我当时的想法全盘说出，最终他发现我说得一点儿没错，终于服气了，然后才一五一十地说出了自己的所作所为。我的目的就是要他自己说出来，自己能承认自己所做的，能为自己所做的一切负责。虽然他当时什么话也没说，也没发什么誓言，但是从那以后，他对电脑游戏的痴迷能自觉地控制住了，因为我跟他说过："你别觉得你做什么事都能瞒得了我们，实际上我们只是为了照顾你的自尊心，并没当场揭穿而已，你不要自作聪明，知子莫如父，我希望你以后能诚实做人！"从此以后，即便我们都不在家，他也能控制自己不去上网。我和他妈妈悬着的心终于放了下来，毕竟儿子的心态有了很大的转变，并且能把心思放在学习上了。有时候因为时间关系作业完不成，他会感到特别难受，吃不香、睡不好，有几次即使是生病，也会为完不成作业而发愁，这可是难得的学习精神啊！我经常对其他父母说：孩子犯错并不可怕，只要能及时改过并吸取教训就行，可怕的是他不犯错。作为家长，应当容许孩子犯错误，因为人只有在不断的犯错中才能成长，才能发展啊！

有那么一对母女，母女俩相依为命。母亲是个传统内向的女人，而女儿则是性格外向的女孩。她们俩性格完全相异，各方面完全不相容。母亲看不惯女儿说话没大没小、不分场合、不顾情面，认为她完全不具备小女孩应该具备的特质；而女儿则认为母亲太保守，太没知识，太落后，太没人情味。十二岁的女孩，喜欢时髦，穿些短衣短裤，母亲看不惯，不让穿；女儿跟男孩有说有笑，亲密无间，母亲受不了；女儿上网聊天，跟比她大得多的男孩子聊得火热，母亲担心女儿会受骗，出面干涉。应当说，女儿的一言一行，没有符合母亲规范要求的。所以事无巨细，母亲总是过问和干涉女儿，可是女儿则能说会道，在语言方面和思维方面，远远强过母亲。在女儿面前，母亲永远是个失败者。于是母亲痛苦、难过、失望，经常有轻生的念头。可是她又放不下女儿，毕竟是自己的心头肉啊。既然管不了，那么就干脆由着女儿。后来她终于想通了，由过去什么都管，变成干脆不管不问；由过去天天生气，变成微笑面对；由过去相互敌视，变成主动和好；经常用语言夸奖她，说她聪明，说她可爱，说她将来一定有出息，一定会成为正直有用的人。女孩的态度也跟着变化，她不再蛮横无理，也不再对母亲大吵大闹，而是经常做出心疼母亲和依恋母亲的举动。以前的敌对情况没有了，取而代之的是相互理解和包容；以前的相互指责没有了，取而代之的是相互表扬和称赞。痛苦绝望的母亲脸上终于有了笑容，因为她看到了孩子的希望。事实上，在教育孩子问题上，如果方法不当，孩子由于逆反心理，往往会朝着父母所期望的相反方向发展。在学习和对孩子的成长教育方面，急的是父母，而不是孩子。似乎孩子好不好，与孩子自己无关，完全是大人的事！所以，如今的父母应当根据自身的实际情况和孩子的综合特质，调整自己的心态，实事求是地看待孩子的教育问题，千万不能不顾孩子自身特点而把自己的观点强加给孩子。当发现自己的孩子在某方面出了问题之后，应当主动改变思路和方法，并积极寻求专家们的帮助，学会用理解克服不符合实际的期望值，用表扬代替责怪，用爱心代替冲动，用博大的胸怀代替刻薄的言行。当我们能够平心静气、平和理智、客观面对孩子的一切时，我们有理由相信：问题少年将会远离我们，我们最终也会得到应有的满足和幸福！

虎毒
也食子

一次去朋友家做客，在朋友家的楼下，看到一个两岁左右的小女孩缠着母亲没命地哭喊，母亲就是不理她。被孩子跟得紧，缠得急了，母亲突然把孩子推倒在地，抬腿就踢、伸手就搂，还不停地疯狂乱掐乱拧。母亲歇斯底里地暴打和折磨孩子，让周围的人都大吃一惊，纷纷上前制止。被劝阻的母亲依然怒气未消，恶狠狠地盯着孩子，嘴里还在恶毒地咒骂，原因只是孩子尿湿了裤子。

这位母亲的行为，属于典型的"虎毒食子"；社会上常见的虐待儿童的父母，也都属于"虎毒食子"。

动物尚且爱子如命，何况是作为万物灵长的人类呢？人人都爱自己的孩子，本应当比动物更加疼爱自己的孩子，更加不会伤害孩子，但为什么会出现如此众多的"虎毒食子"现象呢？在这类特殊的亲子关系中，如果孩子的言谈举止触及了父母的底线，父母长期积累压抑的负面情绪往往就会瞬间被点燃，进而出现情绪大爆发，弱小的孩子只能承受，没有任何选择。这种互动模式，会一次比一次严重，导致当事人失去理智，置孩子的一切于不顾，通过折磨和伤害孩子来获得心理的平衡。

那些被"食子之虎"养大的孩子，几乎毫无例外地缺失安全感，心理发展异常。对于孩子而言，受到本能的驱使，最恐惧的就是被父母抛弃，因为一旦被父母抛弃，往往就意味着生命安全受到威胁，失去生存保障。所以，在通常情况下，无论亲生父母如何虐待孩子，如何折磨孩子，如何伤害孩子，孩子都会对父母不离不弃。然而，当孩子幼小的身体和心灵频繁受到伤害和折磨之后，强烈恐惧会使孩子的安全感丧失殆尽，心理受到难以复原的重创。

父母虐待孩子，最终必为孩子所虐待；伤害孩子，最终必为孩子所伤害，甚至会把这种伤害变成一种强迫性家庭模式传承给下一代，使伤害一次又一次地重演。

18 给儿子的一封信

儿子：

从高一到高三，你的变化如此大，让我感到非常欣慰！我发现你长大了，懂事了，独立了，能自己管理自己了。

你从初中开始就有粗心的毛病，你已经很清楚地意识到并严加改进，这是个很了不起的进步。你只要克服粗心的毛病，你的成绩就一定会突飞猛进，这点我百分之百地相信，因为事实就是这样的。

你从习惯性地管不住自己，到开始有管理自己的意识和行动，这让我感到非常开心。特别是每当你感觉无法控制自己的坏习惯时，你会强制自己脱离当时的情境，用环境的改变来让自己不希望的事情继续存在，这是非常好的做法。一个人不能任由坏习惯支配自己的一生，必须通过自己的努力，逐渐改掉坏习惯，用积极向上、健康阳光、拼搏奋斗的好习惯来影响和支配自己的人生。在克服自己的坏习惯方面，我对你有信心，继续努力！

你完成了由原来的被动完成作业到自觉主动学习这一质的转变。这一点，在你的英语学习中得到最好的证明：从高一到高二，你的英语成绩始终不理想，进入高三以后，你的英语成绩直线上升，从原来靠后的名次，到逐步迎头赶上，进入年级前列，并取得了全国中学生英语竞赛一等奖的好成绩。后来我跟你说起这件事时，你很淡然地说："暑假什么也没做，就把英语作文给练好了。"从点滴的小事中，就能反映出事情的本质。你英语成绩的突飞猛进，足以说明你已经进入自觉主动学习的状态，这是一个非常了不起的进步，只要继续保持并努力改进，实现梦想并不是难事。

儿子，从你读初中开始，我对你的成绩和潜力就从没怀疑过，虽然因为你成绩的起落，发过脾气，打击过你，但始终没有改变我对你的看法：你是个好孩子，学习对你来说并不是难事，你具有令人惊异的潜力。

还有几个月就要高考了，作为父亲，我还要给你提一些要求，希望你能百尺竿头，更进一步。

（1）要客观实际地认识高中生活。高考是"千军万马过独木桥"，高三学习，要为别人，更要为自己。要想在高考中胜出，没有艰辛的努力、沉着的意志、过人的勇气和技高一筹的能力，是难以成功的。所以说，高三的学习生活，要有理想，因为有理想的地方，地狱也能变成天堂；高三的学习要有希望，因为有希望的地方，痛苦也能成就梦想；高三的学习生活要能耐挫，因为只有经历地狱般的磨炼，才能练出创造天堂的力量；高三的学习生活要能刻苦，因为只有流血的手指，才能弹出世间的绝唱。

（2）要对自己做一番调整，充分发挥自己的潜能。永远要相信：你比你想象中的要好得多。美国学者詹姆斯根据其研究成果说："普通人只开发了他所蕴藏能力的 1/10，与应当取得的成就相比较，我们不过是半醒着的。"科学研究也证明：人类的潜能是巨大的，人平常只发挥了极小部分的大脑潜能。如果人能够发挥自身大脑一大半的潜能，就能够轻易学会至少 40 种语言，背诵整套百科全书，拿 12 个博士学位。谁挖掘并利用了自己的潜能，就一定有奇迹发生。

（3）要有抵抗外界诱惑的定力，让自己沉着和专注。同样是烧一壶水，有的人一会儿就烧开了，有些人始终烧不开。究其原因，无非一个在持续不断地烧，另一个烧烧停停。静得下，坐得住，才能水滴石穿，才能铁棒磨成针，才能使自己有新的突破和提高。

（4）书写整洁，答题规范。规范、整洁地答题是一种好习惯，非常有助于给阅卷老师留下好印象而提高卷面分数。书写规范，是考生获得成功的一半。很多学生平时不重视书写，认为只要把试卷做完、题答对就万事大吉了，结果往往不能如愿。希望你从当下做起，在各种考试中练就规范书写的好习惯，为高考做好准备。

（5）一定要在粗心大意的毛病上再下苦功夫。俗话说："一着不慎，全盘皆输。"高考的粗心大意，会直接影响你的前途和命运，一定要意识到粗心的严重后果。要想学习进步、高考成功、实现梦想，就必须养成认真谨慎、一丝不苟、精益求精的好习惯。避免大意失荆州的最好办法，就是克服粗心大意的毛病。敲开大学之门的金砖玉石，就在你自己的手中；能够帮助你实现梦想的，只能是你自己，永远是你自己！

最后，摘抄几句经典语句，为你的高考助力：

（1）学习中的相对论：抓紧时间和提高效率就是延长生命。

（2）得高分的秘诀就是少丢分。

（3）把容易的题做对，难题就会变得容易。

（4）不求难题都会做，先求容易的题不做错。

（5）最难的题，对你而言并不一定是最后一题。

（6）付出总有回报，要做就做最好。

祝你高考成功，考入理想的大学！

爸爸

二〇一二年三月一日